이것이 미국독립선언문이다

A Decent Respect :
The Declaration of Independence
For Koreans

Line-by-line Commentary & Essays on
The Declaration of Independence

이종권 옮기고 씀ㅡ토마스 제퍼슨 센터 엮음

이것이 미국독립선언문이다

만민평등, 천부인권, 주권재민

해독과 낭독이 가능한 최초의 우리말 버전
미국독립선언문

좋은땅

Dedication

To Thomas Jefferson and The Founding Fathers,

the eternal source of my inspiration.

To the members of Thomas Jefferson Center,

the messengers of The Declaration of Independence.

To Koreans, Korean-Americans, and Americans,

the heirs of The Declaration of Independence.

To my sons, Dongwon & Jiwon,

the beneficiaries of The Declaration of Independence.

서문

천부인권으로 홍익인간!

이 세상에서 가장 유명하고 중요한 문서를 하나 꼽는다면 토마스 제퍼슨의 독립선언문일 것입니다. 알려진 바대로 아메리카 독립 전쟁의 대의가 이 문서를 통해 선포되었고 전쟁의 승리로 그 대의에 기초한 인류 최초의 민주공화국이 성립되었으며, 그 이후로 지구상에 수많은 자유민주공화국들이 미국독립선언문의 대의에 기초하여 건국되었습니다.

대한민국에서 미국독립선언문은 그 존재를 모르는 사람은 없지만 그 내용의 전모를 아는 사람은 거의 없는 미스터리의 문서입니다. 다소 도발적으로 들릴 수 있는 이 발언은 사실에 근거하고 있습니다. 지금까지 미국독립선언문은 제대로 작성된 한국어 번역본이 없었기 때문입니다. 자국의 역사와 문화를 홍보하는 것이 업무인 주한 미국 대사관도 해내지 못한 일입니다. 해독과 낭독이 가능한 최초의 우리말 버전 미국독립선언문을 소개합니다.

번역만으로는 이해에 부족함이 있을 듯하여 모든 문장에 대한 역사적, 철학적, 어학적 해설을 달아 보았습니다. 이 작업은 미국에서 우리 한인들을 주축으로 설립된 토마스 제퍼슨 센터의 회원님들과 두 달이 넘는 기간 동안 함께 진행하였습니다. 단톡방에 한 문장씩 해설을 올려드렸고 함께 토의하였습니다. 함께해 주신 토마스 제퍼슨 센터의 회원님들에게 깊은 감사를 드립니다.

　남의 나라 독립선언문이 우리에게 무슨 의미가 있을까? 대한민국의 헌법을 살펴보면 그 연관성을 알 수 있습니다. 대한민국 헌법은 모든 국민의 확고한 불가침의 권리를 명시하고 있습니다. 그 권리의 기원이 미국독립선언문입니다. 너무나 신성하여 인간의 영역에선 그 누구도 침해할 수 없는 개인의 권리, 그래서 천부인권이라고 불리는 바로 그것이 제퍼슨의 독립선언문에서 천명되었고 건국과 함께 미합중국 헌법으로 법제화되었습니다. 제퍼슨이 생명, 자유 그리고 행복 추구의 권리가 그 일부라고 명시했던 그 모든 것들이 대한민국 헌법에 그대로 반영되어 있습니다.

　미국독립선언문의 정신을 한마디로 정리하면 천부인권입니다. 천부인권은 기독교 신앙에서 유래한 인권이지만 기독교인에게만 적용되는 것은 아닙니다. 종교적 신앙 여부에 상관없이 모든 인간에게 보장된 권리입니다. 국가와 인종과 성별과 계급은 다르게 태어났을지 몰라도 모든 개인은 동등한 천부인권으로 평등하게 태어난 것입니다. 창조주가 부여한 것이지만 설령 창조주를 부정한다 해도 그 개인의 천부인권은 부정될 수 없습니다. 그래서 천부인권은 그 자체로 독자적 신앙인 것입니다.

　당신은 왜 한국 사람이 한국의 사상을 널리 알릴 생각을 하지 않고 미국의 사상만 얘기하고 다니느냐? 어떤 분에게 핀잔을 받은 적이 있습니다. 저 역시 배달의 후예로서 홍익인간의 정신은 지극히 숭고하다고 믿습니다. 널리 인간을 이롭게 한다는 그 사랑과 자비의 정신보다 숭고한 보편적 가치는 없을 것입니다. 그런데 무엇으로 세상을 널리 이롭게 할 것인가? 오천 년 역사의 신분제 사회에 억눌린 채 천 번도 넘는 외세의 침략을 받았습니다. 그리고 식민지, 동족상잔, 군부독재를 거치며 신음해 왔던 우리가 도대체 무엇으로 홍익인간을 설파하고 실천하여 세상에 기여할 것인가?

그 대답이 토마스 제퍼슨의 독립선언문과 대한민국의 역사에 있습니다. 대한민국은 천부인권을 근간으로 건국된 나라입니다. 수천 년 동안 이어진 전체주의 왕정 체제를 버리고 1948년 천부인권에 근거한 자유민주주의의 나라로 다시 태어나 드디어 선진국의 대열에 올라섰습니다. 천부인권은 자유는 물론이고 번영도 줄 수 있다는 사실을 증명한 사례입니다. 바로 이 사실을 세계에 알리자. 천부인권을 세계에 알려 홍익인간을 실천하자. 전체주의 사회에서 고통받는 북한 동포들, 조상들이 피 흘려 실현한 가치를 망각해 가는 아메리카 시민들에게 바로 우리가 천부인권의 경종을 울려 홍익인간하자. 이러한 바람으로 이 책을 올립니다. 천부인권의 근본을 탐구하며 우리의 밝은 미래를 창출하는 데 도움이 되기를 기원합니다.

저자 토마스 제퍼슨 센터 대표 이종권

차례

I. 미국독립선언문 번역과 해설

II. 천부인권으로 바라본 미국독립선언문과 대한민국

I.

미국독립선언문
번역과 해설

1776년 7월 4일 의회에서 고하는
아메리카 13개국 연합 만장일치의 선언문

인류사의 여정에 있어서 어느 집단이 그들과 연계된 다른 집단과의 정치적 고리를 파기하고 세상의 여러 정치권력들 사이에서 자연법과 자연신법이 부여한 독립적이고 동등한 위상을 정립할 필요성이 발생하였다면 그 불가피한 이유를 만방에 천명하여 의견을 구하는 것이 인류에 대한 도리일 것입니다.

우리는 다음을 자명한 진리라고 믿습니다.

모든 인간은 평등하게 태어났다. 그리고 그들은 창조주로부터 확고한 불가침의 권리를 부여받았다. 그 (권리의) 일부가 생명, 자유 그리고 행복 추구의 권리이다. 이러한 권리를 담보하기 위하여 인간 사회에 정부가 구성되었으며, 그 정부의 정당한 권력은 시민의 동의로부터 발생한다. 어떠한 정부라도 이러한 목표에 해악이 된다면 그것을 개혁하거나 타파하여 새로운 정부를 수립하고, 그러한 원칙에 기초하여, 그들의 안전과 행복을 가장 충실히 구현할 수 있는 권력을 조직하는 일은 바로 시민의 권리이다.

오랫동안 있었던 정부를 가볍고 일시적인 이유로 교체하는 것은 실로 신중하지 못한 일입니다. 그리고 인류는 몸에 배인 제도를 타파하여 폐악을 바로잡기보다는 인내할 수만 있다면 인내하는 경향이 있음을 역사는 말해 주고 있습니다.

그러나 기나긴 학대와 착취의 행렬이 요지부동으로 단일한 목표를 향해 움직이며 그들을 절대 전제정치의 치하에 예속시키려는 본색을 드러냈을 때, 그러한 정부를 타도하고 미래의 안녕을 위하여 새로운 정부를 출범시키는 것은 시민의 권리이자 의무입니다.

이것이 바로 식민지 체제하에서 (우리들이) 인내로써 견뎌 왔던 고통입니다. 그리고 이것이 바로 오늘날 (우리가) 작금의 통치 체제를 변경할 수밖에 없는 필연적 이유인 것입니다. 지금의 영국 왕은 끊임없는 위압과 침탈의 역사를 써 내려 온 자로서, 그 목적은 오로지 이 땅에서 절대 전제 정권을 구축하는 것입니다. 이를 증명하기 위하여 공정한 세상에 (다음과 같은) 사실을 고하는 바입니다.

- 그는 공공의 이익에 가장 부합되고 필수적인 법률들을 승인하지 않았습니다.
- 그는 긴급하고 중요한 법안들이 그의 승인이 있을 때까지 (처리가) 유보되지 않았다면 (그 휘하의) 총독들에게 그 법안들의 통과를 금지시켰습니

다. 그리고 그렇게 보류된 후에는 그것들을 거들떠보지도 않았습니다.

- 그는 지역민들이 입법부에서 대의권을 포기하지 않는다 하여 (인구가 많은) 대형 지역구 신설에 관한 법률 제정을 거부하였습니다. 폭군에게나 두려울 뿐 시민들에게는 더없이 소중한 권리임에도 불구하고 말입니다.

- 그는 대의원들이 지쳐서 할 수 없이 그의 법령을 받아들이도록 만들고자 공공 기록 보관소에서 멀리 떨어진 생소하고 불편한 장소에서 의회를 소집하곤 했습니다.

- 그는 자신이 자행하는 시민권 침해를 (의회가) 용감하고 단호하게 반대하였다 하여 반복적으로 의회를 해산하였습니다.

- 해산 이후에도 그는 오랫동안 대의원 선출을 거부하였습니다. 그럼에도 입법권은 결코 소멸될 수 없는 것이기에 전 식민지의 대중들이 행사할 수 있도록 복원되곤 하였습니다. 그런 (무정부 상태의) 와중에 이 땅은 외부로부터의 침략과 내부로부터의 정변이라는 위험에 노출될 수밖에 없었습니다.

- 그는 이 땅에서 인구의 억제를 조장하였습니다. 그 목적을 위하여 외국인 귀화법 제정을 반대하는가 하면 이민자들이 이곳으로 이주하도록 장려하는 다른 법안들의 통과를 거부하였고 토지의 신규 전용 조건을 강화하였습니다.

- 그는 법원 설치에 관한 법률 승인을 거부함으로써 법무 집행을 방해했습니다.

- 그는 법관들에게 직위와 녹봉을 빌미로 자신의 뜻만을 따르도록 만들었습니다.

- 그는 다수의 관청을 신설하고 관리들을 이곳으로 파견하여 우리들을 괴롭히며 국록을 축냈습니다.

- 그는 평상시에도 우리 의회의 동의 없이 민간에 군대를 상주시켰습니다.

- 그는 군대를 민간 권력과 독립된 상급 기관으로 편성하였습니다.

- 그는 본국의 의원들과 야합하여 우리의 헌법과 이질적이고 우리의 법체계로는 용납할 수 없는 사법 체계에 우리를 예속시켰습니다. 그들이 만든 터무니없는 법들을 승인했던 것입니다. (그것들을 열거하면)

- 대규모 무장 병력을 민간에 숙영시키는 법:

- 그들이 이 땅의 주민들을 살해해도 처벌받지 않도록 부당 재판으로 그들을 비호하는 법:

- 우리와 전 세계의 교역을 차단하는 법:

- 우리의 동의 없이 우리에게 세금을 부과하는 법:

- 많은 사건에서 우리의 배심재판 혜택을 박탈하는 법:

- 누명을 씌우고 재판에 회부하여 바다 건너로 이송시키는 법:

- 인접 지역에 괴뢰정부를 세우고 확장시켜, 우리들의 식민지에서도 절대 통치의 선례이자 도구로 이용하여 (이 땅에서) 영국식의 자유로운 법률 체계를 철폐하는 법:

- 우리의 특허장을 박탈하고 우리의 가장 소중한 법률들은 철폐하며 우리 정부의 형태를 근본적으로 변경하는 법:

- 우리 의회들의 기능을 정지시키고 우리에 관한 법 제정은 어떤 경우에도 자신들의 권한이라고 선언하는 법.

그는 이곳의 정부를 팽개치고, 우리가 그의 보호 대상이 아님을 천명하며 우리와의 전쟁에 돌입했습니다. 그는 우리에게 바다에서는 약탈을, 해안에서는 파괴를, 마을에서는 방화를 자행하며, 생명을 살상하였습니다. 그는 이 순간에도 살상과 파괴와 폭정이라는 과업을 완수하기 위하여 대규모의 외국인 용병을 파병하여 가장 야만스러운 시대도 그 유례를 찾기 힘든, 그리고 문명국의 왕에게는 걸맞지 않는 잔인함과 거짓으로 무장한 채 그 행군을 시작하였습니다. 그는 우리 시민들을 공해상에서 나포하여 그들의 모국에 대적하여 무기를 들도록 강요함으로써 친구와 형제들을 죽이거나 또는 그들의 손에 쓰러지게 하였습니다. 그는 우리 내부의 자중지란을 부추겼으며, 나이와 성별과 상황에 개의치 않는 살육을 전쟁의 수칙으로 삼는 무자비한 인디언 야만족들을 변경의 우리 주민들에게 끌어들였습니다. 이러한 박해가 있을 때마다 우리는 가장 정중한 표현으로 시정해 줄 것을 탄원하였습니다. 우리의 거듭된 탄원은 그러나 거듭된 모욕으로 돌아올 뿐이었습니다. 모든 행실이 이렇게 폭군으로 규정될 수 있는 성격을 가진 군주는 자유 시민의 통치자로서 적합하지 않습니다.

우리는 영국에 있는 동포들에게도 부족함 없는 정성을 기울였습니다. 우리는 그들의 의회가 우리에게 부당한 통치권을 확대하려는 시도를 그들에게 수시로 알리곤 했습니다. 우리는 그들에게 이곳에서의 이주와 정착 상황을 하소연해 왔습니다. 우리는 그들의 인간적 정의감과 혜량에 호소하였으며, (그들과) 우리의 혈연적 유대에 의거하여, 우리의 결속과 교류를 필연적으로 파탄시킬 이와 같은 침탈은 그들과 무관하다고 주장해 줄 것을 간청하였습니다. 그들 역시 정의와 혈연의 목소리를 외면하였습니다.

그러므로 우리는 부득불 해야 할 일을 하지 않을 수 없습니다. 그것은 바로 그들과의 분리를 선포하고 여느 나라 사람들과 마찬가지로 그들을 전시에는 적으로 그리고 평시에는 친구로 대우하는 것입니다.

따라서 우리 아메리카 합중국 내 각국의 대의원들은 전체 회의를 갖고 우리의 의도가 의롭게 이행될 수 있도록 이 세상 최고의 심판자께 간청하오며, 선량한 식민지 연합 시민들의 이름과 권위로써 (아래와 같이) 엄숙히 발표하고 선언하는 바입니다.

- 우리 식민지 연합은 자유롭고 독립적인 국가들이며 그것은 우리들의 당연한 권리이다.
- 영국 왕실에 대한 우리의 모든 충성의 의무는 해지되었다.
- 그들과 우리의 모든 정치적 관계는 완전히 소멸되었으며, 또한 그렇게 되어야만 한다.
- 자유롭고 독립적인 국가로서 우리는 전쟁을 수행하고 평화를 조인하며 동맹을 체결하고 통상을 수립하는 등 독립국가로서의 권리에 입각하여 실행할 수 있는 모든 조치들에 대한 일체의 권한을 갖는다.

이 선언을 지지함에 있어서, 우리는 하나님의 섭리가 우리를 보호해 주실 것을 굳게 믿으며, 우리의 생명과 재산과 신성한 명예를 걸고 서로를 향하여 굳게 맹세하는 바입니다.

원문 ‖ Thomas Jefferson · 번역 ‖ 이종권

이것이 바로 자유민주주의
보수의 가치이다!

나는 보수가 부패한 기득권 세력인 줄 알았다. 대한민국에서 성장하여 살면서 얻어진 생각이다. 대한민국을 미국의 속국 또는 식민지라며 자조하고 자학하는 역사관에 주눅 들어 있었다. 아닌 것 같긴 한데 특별히 반박하지 못했었다. 그런 생각을 강변하던 사람들이나 듣고 있던 사람들이나 모두 앵무새일 뿐이었다. "민주화"를 외치면서 미국 혁명을 제쳐 두고 러시아, 중국, 베트남, 쿠바 혁명을 열렬히 학습했던 그 시절을 회상하면 아마도 거대한 음모와 세뇌의 메커니즘이 작동했던 게 아니었나 싶다.

미국을 알려고 미국에 왔다. 미국학(American studies)이라는 공부를 했다. 당시에는 힙하고 트렌디한 학문이라고 생각했는데, 지금 돌이켜 보면 PC와 해체주의의 온상이 바로 미국학이었다. 다행히 나는 공부를 열심히 하지 않아 물들지는 않았지만 글 쓰는 법은 잘 배웠다. PC와 해체주의에서 생산된 현란한 글들을 많이 다루다 보니 논객들이 많다. 같은 과의 쟁쟁한 논객들 틈에서 열심히 토론하던 기억이 지금도 생생하다.

학교를 떠난 후 오랜 염원 끝에 미국의 기초부터 함께 알아 갈 수 있는 책들을 내보고자 출판사를 하나 만들었다. 책을 내면서 출판사를 차린 게 아니고 출판사를 차리고 그때부터 출간을 준비하다 보니 말이 출판사지, 책을 낸 것은 하나도 없다. 황무지에서 시작하였다 하여 프런티어 출판사라고 이름을 지었다.

미국을 기초부터 알려면 아무래도 역사 공부부터 시작하는 게 좋다. 그러나 시중에 나와 있는 두꺼운 역사책들은 내용이 방대하여 읽기도 어렵고 읽어도 쏙쏙 들어오지 않는다. 미국 역사는 포인트를 잡아 이슈별로 공부하여 재미있으면 거기서 더 깊이 파던가 아니면 다른 포인트로 옮겨가는 것이 효율적이다. 흥미와 필요에 따라 움직이는 게 좋다. 그렇게 해서 내공이 쌓이면 나중에 연결하면 된다.

뭣부터 시작할까 고민하다 미합중국 건국의 아버지들을 압축적으로 설명·소개한 작은 책자를 만났다. 이거다 싶어 바로 작업에 들어갔다. 어설픈 저작을 내는 것보단 좋은 작가의 책을 번역하는 게 독자들에게 더 유익하다고 생각했다. 열심히 작업했고 여섯 번쯤 수정했다. 판권 허가를 받고 사업자 등록도 냈다.

번역은 다 했는데 아쉬운 점이 있었다. 원본이 미국인을 위해 쓰인 책이었던 만큼 딸랑 그 내용만 옮겨서는 도움이 안 될 것 같았다. 그래서 부록을 기획했다. 사용되었던 핵심적인 용어 설명이라든지 또는 알고 읽으면 도움이 될 만한 해설 등을 추가하는 게 좋겠다고 생각했다. 그리고 무엇보다도, 토마스 제퍼슨의 독립선언문!

막상 미국독립선언문의 번역에 도전하였다가 수없이 나가떨어졌다. 내 실력으로 굉장히 힘들어 보였다. 기존의 번역들을 검토해 보았는데, 그것들 역시 무슨 소리인지 알 수가 없었다. 그런 것들을 인쇄까지 했다니 놀

라웠다. 애초에 그것들을 적당히 손봐서 올리려고 했었는데, 앓느니 죽는 게 낫겠다는 판단이 섰다. 자신은 없었지만, 원문 속의 제퍼슨과 맞짱 떠서 골수를 뽑아 오는 것이 유일한 방법이었다.

토마스 제퍼슨의 독립선언문은 영어를 잘한다고 이해할 수 있는 글이 아니었다. 요즘 말투도 아니거니와 한마디 한마디에 담긴 역사적 맥락을 알아야 해독이 가능했다. 내용을 이해하였다 하여 우리말로 잘 옮길 수 있는 것도 아니었다. 선언문다운, 제퍼슨다운 우리말을 구사할 수 있어야 당시의 그 감동이 우리에게 전달될 것이었다. 쉬운 일이 아니었다.

설령 그렇다 해도 한국과 미국이 서로 알게 된 게 벌써 150년인데, 이런 중요한 사료가 해독 가능한 우리말로 번역이 되지 않은 것은 놀라운 일이었다. 미국독립선언문의 가장 대표적인 한국어 번역은 한국미국사학회에서 발간된 『미국 역사의 기본 사료』라는 책자에 수록되어 있다. 그런데 번역자가 누구인지도 명시되어 있지 않다. 당사자도 이름을 내보낼 수 없을 정도의 졸역이라고 생각했음이 틀림없다. 해 놓은 꼴을 보니 그렇다. 또 다른 주요 한국어 버전은 주한미국대사관 홈페이지에 게시되어 있다. 이 버전은 더욱 어처구니가 없다. 전문(full text)에서 서문과 결론 부분만을 따로 떼어 게시하고 있다. 자국의 국보인 독립선언문을 생선처럼 토막 내어 몸통은 어디다 엿 바꿔 먹고 대가리와 꼬랑지만 진열했다. 국위를 선양해야 하는 대사관의 직무 유기라 생각되어 미합중국 대통령과 주한미국대사에게 공개편지도 썼다.

한국미국사학회의 한국어 버전에는 첫 문장 첫 줄부터 치명적인 오역이 등장한다. People을 "민족"이라고 번역한 것이다. 미국독립선언문에 관한 한 한국미국사학회는 무릎 꿇고 사죄해야 한다. 이 단어 하나로 독립선언문 전체를 오도했기 때문이다. 이 분야 최고의 전문가 집단이 그런 오역을 삼십 년간 방치하고 있다.

기본적으로 아메리카 혁명은 민족과 민족 간의 투쟁이 아니다. 대영제국과 아메리카 식민지의 사람들은 모두 영국계 혈통의 같은 '민족'이다. "형제"이기 때문에 웬만해서는 참고 살려고 하였으나 이러이러한 이유로 더 이상 감내할 수 없기에 어쩔 수 없이 독립을 선언한다는 것이 미국독립선언문의 개요이다.

미국독립선언문은 미국 독립 전쟁이 민족 투쟁이 아닌 가치 투쟁임을 선언하는 문서이다. 제퍼슨의 독립선언문으로 인하여 아메리카 혁명은 야심가들의 헤게모니 투쟁이 아니라 인간이 창조주에게 부여받은 신성불가침의 권리를 쟁취하기 위하여 전체주의 권력에 항거했던 성전(sacred war)이 되었다. 전쟁에서 승리한 후 이 선언문에 기초한 헌법이 쓰였고 나라가 세워졌다. 그렇게 건설된 미합중국을 전범으로 지구상에 수많은 자유 민주공화국이 생겨났다. 이 모든 변화의 원동력, 그것이 바로 미국독립선언문이다.

대한민국 헌법은 국민의 생명의 권리, 자유의 권리 그리고 행복 추구의 권리를 보장하고 있다. 이것을 헌법은 어떠한 세속의 권력도 훼손하거나 침해할 수 없는 "불가침의 권리"라고 규정하고 있다. 대한민국의 국민으로서 이 조항에 반대하는 사람은 한 명도 없다. 이 조항의 원조가 바로 미국독립선언문이다.

보수와 진보를 나누는 기준은 재산과 권력의 유무가 아니다. 부패와 청렴 역시 보수와 진보를 구분하는 기준은 아니다. 더러운 욕망은 좌우를 초월한다. 친일이냐, 반일이냐 또는 친북이냐, 반북이냐 또는 친미냐, 반미냐 하는 기준들도 보수와 진보를 가르는 틀이 아니다. 그러한 구분들은 피상적이며, 보편성이 결여된 정치 공방일 뿐이다.

보수와 진보를 가르는 기준은 헌법과 그에 대한 태도이다. 대한민국 헌법은 국민에게 생명의 권리, 자유의 권리, 행복 추구의 권리를 보장하고 보호한다. 그 가치의 기원은 바로 미국독립선언문이고, 그것이 대한민국에 전해져 국민의 자발적 합의를 통하여 헌법이 되었다. 헌법적 가치에 근거하지 않은 보수 대 진보의 구분은 허구이자 말장난이다. 정직한 대한민국의 정치 구도는 헌법 대 반헌법이다.

한국과 미국은 "혈맹"이다. 한국전쟁을 함께 싸웠기 때문이 아니다. 그 두 나라가 함께 싸웠던 까닭, 함께 싸워서 지키고자 했던 가치, 그것을 공유하고 있기 때문이다. 그 가치의 원천이 바로 토마스 제퍼슨의 독립선언문이다. 토마스 제퍼슨의 독립선언문의 핵심은 만민평등, 천부인권 그리고 주권재민이다. 그리고 이것이 대한민국 헌법이 명시한 대한민국의 국체이자 대한민국 보수의 정체성이다. 대한민국과 미합중국이 혈맹의 이름으로 그것을 침해하는 어떤 세력과도 함께 싸워야 하는 이유, 그것이 바로 이 문서 안에 적혀 있다.

한미 관계의 시작, 바로 토마스 제퍼슨의 독립선언문이다.

미국이 세계 최강의 민주공화국이 된 까닭은?

본 서는 1789년 세계 최초의 민주공화국인 미합중국을 탄생시켰던 건국의 영웅 35인의 삶과 업적을 소개하는 옴니버스형 북릿으로서, 독립선언의 현장이었던 필라델피아 인디펜던스홀, 성조가의 발상지 볼티모어 포트 매킨리 그리고 DC의 워싱턴 메모리얼, 토마스 제퍼슨의 저택 몬티첼로 등 건국을 기념하는 주요 사적지에서 보급되고 있는 귀한 책입니다. 1974년 초판이 발행된 이래 반세기를 바라보는 오늘

『미합중국 건국의 아버지들』
빈센트 윌슨 Jr. 저, 이종권 역

날까지 이 분야의 확고한 베스트셀러로서 역사의 현장을 지키고 있는 이 책은 미국의 정통 역사관을 대표하는 고전입니다.

　이 책의 저자 벤센트 윌슨 Jr. 은 하버드 영문학 박사로서, 본 서 이외

에도 *The Book of States, The Book of Presidents, The Book of Distinguished American Women* 등의 저서를 통하여 미국의 역사와 문화를 개괄함으로써 미국에 관심이 있는 초심자들에게 필수적이고 기본적인 지식과 관점을 공유해 왔습니다. 콤팩트한 구성과 편집 그리고 하나의 토픽에 관한 방대한 리서치를 900단어 이내로 응축해 낸 윌슨 박사의 집필은 짧지만 깊고 함축적인 문장으로 대가의 면목을 보여 주고 있습니다.

2023년 7월 4일 발매예정

청소년 인턴 에디터 모집

문의: frontierpublications@naver.com

Such Has Been the Patient Sufferance of The Declaration of Independence in Korea!

In the course of human events, The Declaration of Independence is the most influential document. By declaring independence from the tyranny of Great Britain, it laid the foundation of democracy around the globe; by saying the unalienable rights endowed by the Creator, it liberated the world citizens as well as Americans from all forms of authoritarian political power.

Like many other democratic countries on the planet, The Declaration's core values have become a cornerstone of the Republic of Korea. Not even a single Korean would deny that all men are created equal, and everyone has the right to Life, Liberty, and the Pursuit of Happiness. No political power can take away these rights from individuals, either. Koreans accepted the idea of The Declaration because it is self-evident. They chose it as a national goal through a reasonable and voluntary process.

A piece of the evidence is found in the works of Dr. Syngman Rhee, the first Korean President. As an intellectual and activist for national independence during Korea's Japanese colonial period, he made the first Korean version of The Declaration. He had a broad understanding of the American Revolution, too. Although his old Korean style is hard to read for Koreans today, we can look into the Korean founding father's inner landscape through his work. This is how The Declaration of Independence connects the United States of America and the Republic of Korea. The Korean Constitution confirms it. Thanks to The Declaration, the two countries are allies.

Despite such significance, the actual text of The Declaration has not been adequately introduced in Korea. While there have been few Korean versions of The Declaration, they do not deliver the message of The Declaration properly. Due to various reasons, they are hard to read and/ or misleading. Consequently, Korea does not have one nice vernacular version of The Declaration that is comprehensible and recitable.

Granted, it is the US government that is primarily responsible for publicizing the fundamental document. The US Embassy to Korea is posting a Korean version online. Disappointingly, however, about half of the original text is missing. The 'official' Korean version of The Declaration of Independence omits the "Facts submitted to the candid world." The Embassy presents only the Preamble and Conclusion, The national treasure's wholeness is offered destroyed; the mere incomplete version is being served to the Korean people.

Such has been the patient sufferance of The Declaration of Independence in Korea.

The Declaration of Independence clarifies the reason for the existence of a government. If a US government agency is "destructive of" the document that tells its reason for existence, it is not a "light and transient" cause to act.

As a US citizen with a Korean background, I found it hardly "sufferable." I thought it is my duty; it is my right to throw off the wrong version and provide a wholesome one for the public good. So I am offering my Korean version of The Declaration of Independence to the US government.

Mine is the most recent version, and I dare say that it is the most elaborate one among all the existing Korean versions. I made all-out effort to preserve the form and content of the original text and to have it read comprehensibly by modern Korean users.

I reviewed all of the significant existing Korean versions. Special thanks to former President Syngman Rhee for introducing the spirit of The Declaration to the Korean people more than a hundred years ago. I also closely examined other Korean versions published by the Korean Society of American History (1992), Ahn Kyung Hwan, a professor of Law in Seoul National University (2001), and Ahn Hyo Sang, a professional translator (2004), respectively. All of them only convinced me to "acquiesce in the necessity."

I am the Korean translator of Dr. Vincent Wilson's *The Book of Founding Fathers*, which I aim to publish in Korean shortly. As a Korean-American citizen living in the US, I would like to have Koreans and Korean-Americans understand America better. The Declaration of Independence is the very first step. I am glad to become a stepping stone.

The Declaration of Independence is the eternal fountain of a nation's beginner's mind. The world gets painful when people forget the beginner's mind. I think it is a crucial time for everyone to remind how we began.

The translation is a way of dialogue. I have enjoyed a special privilege to converse with the great man. As his translator, I carefully listened to his voice and tried my best to deliver his meaning, emotion, rhythm, and even his breath to my Korean audience. In the meantime, I dropped many tears. It was an honor. And, finally, I am done.

Dear Mr. President and Mr. Ambassador to Korea!

Now, it is your turn.

You are good because you keep and protect The Declaration.

Please, take care of it in Korea.

Always thank you for your service.

Sincerely,

Jong Kweon Yi

미국독립선언문 전문해설

이 글은 2021년 10월 17일 토마스 제퍼슨 센터의 2차 총회 결의에 따라 진행된 미국독립선언문 해설 강의입니다. 오프라인 결의에 따라서 해설이 시작되었고 모든 과정은 단톡방에서 온라인으로 진행되어 12월 27일에 종료되었습니다.

이것이 미국독립선언문이다

▷ 일러두기

원문인 The Declaration of Independence는 문맥과 편의에 따라서 「미국 독립선언문」 또는 「토마스 제퍼슨의 독립선언문」이라고 표기합니다. 이 것은 1919년 발표된 「3.1 독립선언문」과 구분을 주기 위한 것입니다.

이 글은 제퍼슨의 독립선언문과 그에 대한 해설로서, 기존에 나와 있는 한글판 미국독립선언문의 문제점 등을 논의하며 저의 번역본을 만들어 가는 과정을 기술하고 있습니다. 기존의 버전은 초대 대통령 이승만, 한 국미국사학회, 주한미국대사관, 안경환, 안효상의 것이 있고, 2020년 워 싱턴 한국일보에 발표한 이종권 버전이 있습니다.

이승만 버전은 구한말 고어체로서 비교의 대상에서 제외하였습니다. 주한미국대사관 버전은 원문의 거의 절반에 해당되는 부분을 번역하지 않은 채 서문과 결론 부분만 게시하고 있어서 비교 분석의 대상으로 사용 할 수가 없었습니다. 서울대학교 법학과 안경환 버전은 2001년 『국제 지 역연구』 여름호에서 발표한 「미국독립선언서 주석」이라는 논문에서 사용 된 것으로, 저자 스스로 한국미국사학회의 번역본을 기초로 했음을 밝힌 바 있습니다. 또한 기린비 출판사에서 출간된 안효상의 역서 『세계를 뒤 흔든 독립선언서』에도 독립선언문의 한글판이 수록되어 있지만 검토한 결과 한국미국사학회의 버전과 토씨 등 극히 일부를 제외하면 대동소이 하여 온전히 독자적인 버전으로 취급하기 어려운 면이 있었습니다. 따라 서 이 책 이전까지는 한국미국사학회의 『사료로 읽는 미국사』에 수록된 번역이 가장 중요한 버전이었다고 판단되어 이 책에서는 한국미국사학회 의 버전과 저의 2020 버전을 비교 검토하며 해설을 시도하였습니다.

해설을 진행하며 한 가지 커다란 변수가 생겼습니다. 2020년 버전을 토대로 2021년에 해설을 하다 보니 2020 이종권 버전에서도 여러 오류를 발견하게 된 것입니다. 해서 수정이 필요한 문장에 대해서는 2020 버전과 별도로 새로운 버전을 만들게 되었습니다. 이 책에서는 한국미국사학회, 그리고 이종권의 2020과 2021 버전을 나란히 배치하여 독자 여러분들께서 그 변천과 진화를 확인하실 수 있도록 하였습니다. 편의상 한국미국사학회의 버전은 KSAH, 2020 이종권 버전은 JK2020, 그리고 JK2020의 수정본은 Thomas Jefferson으로 표기합니다. 본문에서 Thomas Jefferson으로 표기된 버전이 바로 우리 토마스 제퍼슨 센터 회원 모두가 함께 지켜보며 만들어 낸 공식 버전입니다. JK2020에서 수정할 필요가 없었던 것들도 Thomas Jefferson으로 표기했습니다.

수많은 번역서가 있지만 번역의 과정을 보여 주는 경우는 흔치 않습니다. 빵 공장에서 제빵 과정을 볼 수 있는 것처럼 모든 문장들이 번역되는 과정을 슬로비디오처럼 보여 드리고 싶었습니다. 워낙 중요한 문서이기에 작업 과정도 공유하고 싶었습니다. 재미는 없을지 몰라도 이 정도로 중요한 문서라면 필요한 과정이라 여겼습니다. 많은 비판을 했지만 한국미국사학회에 특별한 말씀을 올립니다. 죄송하고 감사합니다. 큰 도움이 되었습니다. 더욱 완벽한 버전이 저를 밟고 나타나기를 기대합니다.

▷ 전문해설

2021년 10월 17일

진작 했어야 했던 일을 오늘부터 시작합니다.

작년에 미국독립선언문의 해설을 썼던 적이 있습니다. 실컷 완성해 놓았는데 컴퓨터에서 파일이 날아가 버렸습니다. 다행히 교정을 보려고 프린트해 놓은 것이 있어서 그것을 토대로 다시 작업을 해야 하는데 차일피일 미루다가 여러분들과 함께 이 단톡방에서 처음부터 다시 시작합니다.

잃어버린 문서는 원문을 처음부터 끝까지 한 줄 한 줄 들여다보면서 독립선언문의 역사적 배경이라든지 속뜻 등을 정리한 것입니다. 말하자면 번역하는 과정에서 공부했던 내용들을 집대성했던 것인데, 이러한 배경 지식을 가지고 기존에 나와 있는 한글 번역의 문제점을 지적하고 왜 오역인지, 어떻게 수정했는지 등을 한눈에 볼 수 있는 내용이었습니다.

한글판 미국독립선언문으로 저보다 먼저 나왔던 것들로는 이승만, 미국대사관, 한국미국사학회 버전 등이 있는데, 이승만 버전 말고는 번역자가 누군지 알 수가 없습니다. 그래도 미국대사관은 미국의 정부 기관으로서, 그리고 한국미국사학회는 미국 역사를 전공하는 박사급 연구자들의 모임이자 한국에서는 이 분야 최고의 권위를 갖고 있는 단체로서, 적어도 미국독립선언문 정도는 신뢰할 수 있는 한국어 버전을 내놓아야 하는 의무가 있는 기관 및 단체들이라고 할 수 있습니다만, 아쉽게도 기존 버전들은 읽어도 무슨 뜻인지 알기 힘든 문장들이 많아서 그것들을 분석하고 수정하며 저의 새로운 버전을 만들게 되었던 것입니다. 그러니까 우리들의 버전은 원전이 처음 발표된 지 245년 만에 처음으로 오늘날의 한국어 사용자들이 쉽게 이해할 수 있고 낭독이 가능한 버전이라는 데에서 그 의미를 찾을 수 있겠습니다. 토마스 제퍼슨의 독립선언문, 이제 어렵지 않습니다.

우리가 독립선언문을 대중들에게 낭독하고 널리 알리고자 한다면 우리들이 먼저 그 내용을 깊이 있게 알아야 하겠습니다. 기존의 버전에 비해 우리의 버전이 어떻게 다른지 비교해 보면서 하루에 한두 문장 정도씩 함께 공부할 예정이니 이번 기회에 독립선언문의 배경지식과 속뜻도 함께 익혀 나갈 수 있기를 바랍니다. 토마스 제퍼슨 센터에서 독립선언문을 공부하는 게 당연하잖아요? 오늘은 첫날이니 제목만….

In Congress, July 4, 1776

The unanimous Declaration of the thirteen united States of America

Discussion

이게 원문의 공식 제목입니다. 통상 The Declaration of Independence 라고 부르는데, 건국의 아버지들이 실제 문서에서 사용한 제목은 위와 같습니다. Congress라고 하면 독립선언문을 논의하고 의결했던 대륙회의, Continental Congress를 의미합니다. thirteen united States of America라는 표현이 나오는데, 오늘날 말하는 original 13 states, 즉 대륙회의에 참가했던 13개의 식민지를 뜻합니다. 원래는 이들을 colony라고 불렀는데, 독립을 선언하는 마당이니 colony라는 표현을 사용하지 않고 state라고 스스로를 지칭하고 있습니다. state라고 하면 우리는 습관적으로 "주"라고

이것이 미국독립선언문이다

해석하지만, 사실 state는 국가 또는 나라라는 뜻입니다. 영국으로부터 독립을 선언하였기 때문에 국가임을 선언하는 것이고 그런 국가가 13개이고, 그것들이 단일한 목소리와 대오로 연합하였기 때문에 united라는 표현을 사용했습니다. America라고 하면 오늘날 그냥 '미국' 이렇게 이해하지만 그 당시는 '미국'이라는 나라가 존재하지 않았고, America는 단지 콜럼버스가 발견한 땅덩어리의 지명에 불과했습니다. 아메리카라는 이름의 대륙이지, 미국이 아닙니다.

　오늘날 미국, 또는 미합중국이라는 명칭은 미국 헌법이 제정되고 13개의 나라들이 연방 국가를 성립시킨 이후부터 사용될 수 있는 표현입니다. The United States of America 라는 표현 자체가 바로 독립선언문의 제목 안에 들어 있긴 하지만, 미합중국이 성립되지 않은 시기이기 때문에, 원래의 의미에 맞춰 해석하니, "아메리카 13개국 연합" 이렇게 됩니다. 이들이 모여서 만든 회의체를 역사책에서는 대륙회의 Continental Congress라고 부르지만, 그것은 역사학자들이 부르는 이름이고, 당사자들이 불렀던 공식 명칭은 그냥 "Congress," 즉 "의회"였습니다. 그래서 독립선언문의 정식 제목을 우리말로 옮기면 이렇게 됩니다.

1776년 7월 4일 의회에서 고하는
아메리카 13개국 연합 만장일치의 선언문

1.

When in the Course of human events, it becomes necessary for one
people to dissolve the political bands which have connected them with

another, and to assume among the powers of the earth, the separate and equal station to which the Laws of Nature and of Nature's God entitle them, a decent respect to the opinions of mankind requires that they should declare the causes which impel them to the separation.

Discussion

한글로 작성된 좋은 글을 읽을 때는 문체가 주는 쾌감이라는 것이 있습니다. 그런데 제퍼슨의 문장은 미국인 전문가들이 한결같이 빼어난 문장이라고 하는데, 제 입장에서는 그 빼어나다는 문체가 의미를 가로막는 거대한 벽과 같은 느낌을 받았습니다. 해석을 하려면 주어가 뭔지를 찾아야 하는데, 이 서너 줄에서 문장의 뼈대를 이루는 주어와 동사를 찾기가 어려웠습니다. 그리고 주어는 찾았는데, 그게 무슨 뜻인지, 주어가 해석이 안 되다 보니까 문장 전체가 실마리 없는 퍼즐처럼 느껴졌었습니다. 일종의 패닉이죠. 예전처럼 담배를 피웠다면 어쩜 폐암 걸렸을 듯.

주어는 a decent respect. 주절의 동사는 requires. 그런데 decent respect가 뭔 뜻이지? 형용사로 사용된 decent란 경우에 딱 들어맞다, 준수하다, 적절하다 또는 품위 있다 등등의 뜻으로 사용되는 단어인데, 적절한 존경? 경우에 맞는 존중? 이런 식의 해석은 와닿지 않습니다. 존경이면 존경이지 적절한 존경은 또 뭔가? 그렇다고 제퍼슨이 엉뚱한 소리를 했을 리는 없기에 잘 몰라도 일단 통과.

헌데, 여기 중요한 포인트가 있습니다. 우리는 그동안 천부인권의 조건이 존중과 배려라는 점을 알게 되었는데, 바로 그 존중이라는 표현이 첫 문장의 주어로 자리 잡고 있네요. respect. 이것이 바로 제퍼슨과 우리 제퍼슨 센터가 마음이 통했다는 증거입니다. 우리가 제퍼슨의 마음을 제대로 읽었다고 여겨지는 부분입니다. 천부인권을 선포한 문서의 첫 문장 주어는 존중. 존중은 존중인데, 그냥 존중이 아니라 decent respect. 경우에 맞는 존중. "경우에 맞는 존중"이라는 원문 표현을 한국인들에게 한 방에 와닿는 한국어적 표현을 찾는 것이 키포인트가 되겠습니다. 당장에 떠오르지 않아서 통과.

주어까지 가기 전에 첫 번째 줄에서 people이라는 쉬운 단어의 정확한 한국어 표현도 찾기가 어려웠습니다. 물론 사람들이라는 뜻이죠. 일군의 사람들이라는 뜻입니다. 이것을 여러 번역자들이 민족 또는 국민으로 옮겼습니다. people은 혈육이나 국가 같은 개념이 포함되지 않는 그냥 사람들을 뜻하는 말인데도 말입니다.

아메리카 혁명은 민족과 민족의 싸움이 아니라 같은 영국계 사람들끼리의 싸움이었습니다. 말하자면 한국에 있는 한국인과 미주 한인의 관계인데, 이때의 people을 민족으로 번역하면 아메리카 혁명을 민족 간의 전쟁인 것처럼 오해하기가 쉽습니다. 본문의 후반부에 분명히 독립선언의 대상이 같은 "English brothren"라는 표현이 있고, 그들에게 동포애를 호소한다는 내용이 있음에도 민족 대 민족의 문제로 해석하는 것은 완전한 오역인 것입니다.

이때는 미국이라는 나라가 성립되어 있지 않기 때문에 국가의 존재를 전제로 하는 '국민'이라는 표현도 잘못된 것입니다. 그냥 아메리카 대륙에 사는 한 무리의 사람들과 그들을 지배했던 영국에 있는 한 무리의 사람들 사이의 전쟁이죠. 인민이란 표현도 있는데, 일단 한국인 정서에 북조선 냄새가 너무 풍길뿐더러 this 인민 vs. that 인민… 이런 식으로 사람들의 무리를 구분할 때 사용되지 않는 표현이기 때문에 제외하였습니다. 많은 사람을 지칭하는 표현으로 '대중'이라는 말도 있지만 이것 역시 대중은 그냥 대중일 뿐, 이 대중, 저 대중 그렇게 구분하지 않기에 아웃.

그런데 이 글이 쓰인 맥락에서는 사람이 중요한 게 아니라 사람들의 〈무리〉, 즉 집단이라는 의미가 포인트라는 점을 주목하게 되었습니다. 전쟁을 하면 당연히 사람끼리 하는 것이니 굳이 사람이라는 표현을 쓰지 않아도 사람들 간의 일이라는 사실은 불문가지이고, 그래서 individual이 아닌 group이라는 점만 명시하면 굳이 말 안 해도 그게 당연히 사람들의 집단이라는 것은 누구나 알 수 있기 때문에, people은 그냥 "집단"이라고 옮기는 것이 가장 원문에 충실하면서도 콤팩트한 번역이라는 결론을 얻게 되었습니다. people을 민족이나 국민이나 백성이나 인민이나 대중으로 옮기지 않고 "집단"이라고 옮기는 것이 본문의 취지를 가장 가깝게 전달하는 표현인 것으로 결정을 보게 되었습니다.

decent respect를 뭐라고 옮기면 제퍼슨도 잘했다고 칭찬할까? 오랫동안 화두처럼 붙잡고 있었습니다. 도대체 뭔 뜻일까? 아주 오랫동안 머릿속에서 가물가물하면서도 딱 떨어지는 한 마디를 찾을 수가 없었습니다. 이것 때문에 진도가 나가지를 않았습니다. 그러다가 어느 날 문득 "도리"라는 표현이 떠올랐습니다. 바로 이거야. 밥을 먹다가 무릎을 치며 환호했습니다. 갈 길은 멀었지만 "도리"를 찾아낸 후 완역의 확신을 갖게 되었습니다. 의미의 방으로 들어가는 열쇠로 문을 열어젖힌 느낌?

경우에 딱 맞는 예절, 원래 예절이란 존중의 외적 표현이니까, 그리고 선언문도 외적 표현이니까, 선언문으로 독립을 발표하는 시점에 경우에 딱 맞는 예절, 인류와 세계만방에 경우에 딱 맞는 예절, 즉, 독립을 선언하는 입장에서 세상에 대한 도리, 그것을 다하고자 쓴 것이 바로 독립선언문입니다. 그것은 '우리가 독립을 하려고 하는데, 그 까닭은 이러이러합니다.'라면서 '(그러니) 세계만방 인류의 혜량을 구하고자 합니다'라고 하는 독립선언서의 집필 동기가 바로 여기에 들어 있는 것입니다.

핍박받는 상태에서 벗어나 "separate and equal station," 즉, 독립적이고 동등한 위상을 취하고자 하려는 그 시도는 어디에 근거한 것인가? 누구 맘대로? 누구에 의존해서? 여기서 바로 절대자가 등장합니다. Law of Nature, Law of the Nature's God. 세상의 여러 (정치)권력들의 틈바구니에서 독립적이고 동등한 위상을 취하고 누릴 수 있도록 권리를 부여해 준 것은 자연법과 자연신법이다. 다시 말하면, '독립은 신의 섭리이자 자연의 섭리이다'라는 전제를 말하고 있습니다. 모든 인간 집단은 서로 간에 독립적이고 동등해야 하는 것이 자연법과 자연신법이 우리에게 부여한 권리인데, 현실은 독립적이지도 동등하지도 않다는, 그래서 하는 수 없이 우리는 독립을 하려고 하는데, 지금 그 이유를 세계만방에 고하려 하니, 그것이 타당한지 만인의 의견을 구한다는 것이 바로 첫 번째 문장의 취지인 것입니다.

그들의 행동이 신의 원칙에 근거하였다는 확신과 함께, 그 행동을 유발한 원인도 세상에 낱낱이 고할 수 있을 만큼 타당하다는 자신감을 겸손하고 정중하게 표현한 것이 독립선언문의 첫 번째 문장이라고 할 수 있겠습니다.

참, 업계 최초로 제퍼슨의 독립선언문을 경어체로 표현했습니다. decent respect가 기본적인 어조인 문서에서, 아무리 영어에 경어체가 없다 한들, 제퍼슨이 (만일 한국인이었다면) 반말을 상정하여 집필하지는 않았을 것이라는 점을 고려했습니다.

KSAH: 인류 역사에서 한 민족이 다른 민족과 정치적 결합을 해체하고 세계 여러 나라 사이에서 자연법과 신의 섭리가 부여한 독립·평등의 지위를 차지하는 것이 필요해졌을 때 우리는 인류의 신념에 대한 엄정한 고려를 하면서 독립을 요청하는 여러 원인을 선언하지 않을 수 없게 된다.

Thomas Jefferson: 인류사의 여정에 있어서 어느 집단이 그들과 연계된 다른 집단과의 정치적 고리를 파기하고 세상의 여러 정치권력들 사이에서 자연법과 자연신법이 부여한 독립적이고 동등한 위상을 정립할 필요성이 발생하였다면 그 불가피한 이유를 만방에 천명하여 의견을 구하는 것이 인류에 대한 도리일 것입니다.

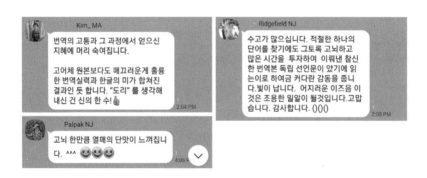

2.

We hold these truths to be self-evident, that all men are created equal, that they are endowed by their Creator with certain unalienable Rights, that among these are Life, Liberty and the pursuit of Happiness. That to secure these rights, Governments are instituted among Men, deriving their just powers from the consent of the governed. That whenever any Form of Government becomes destructive of these ends, it is the Right of the People to alter or to abolish it, and to institute new Government, laying its foundation on such principles, and organizing its powers in such form, as to them shall seem most likely to effect their Safety and Happiness.

Discussion

가장 중요한 '자명한 진리'의 단락입니다. 그들이 생각하는 진리, 그들이 추구하는 이상, 그들이 바라는 세상의 기준을 말하고 있습니다. 문장의 구조는 단순합니다. We hold these truths to be self-evident라는 문장과 동격의 접속사 that으로 이루어진 여러 개의 절clause이 연결되어 있습니다. 즉, 여러 개의 진리를 여러 개의 that-clause로 연결하여 진리의 내용을 열거하고 있습니다. 주절인 We hold these truths to be self-evident에 걸리는 that-clause는 총 5개인데, 3개는 주절에 하나의 문장으로 연결되어 있고 2개는 너무 길어서 독립된 절로 따로 떼어 놓았지만 내용상 주절에서 말하는 truths를 설명하는 내용이라고 할 수 있습니다.

자명한 진리를 번역할 때는 주의 사항이 있습니다. 이 부분은 역사적 사실이나 개인적 감정을 묘사한 부분이 아닙니다. 독립선언을 위하여 일어난 이들이 추구하는 궁극적 이상과 진리를 선언하는 단락입니다. 성경으로 비유하면, 모세의 십계명과 같은 부분이라고 할 수 있습니다. 계란의 노른자, 경전 속의 경전. 따라서 이 부분만큼은 경어체가 아니라 권위를 나타내는 해라체로 톤을 바꾸는 것이 옳다고 판단이 되었습니다.

2a

We hold these truths to be self-evident, that all men are created equal, that they are endowed by their Creator with certain unalienable Rights, that among them are Life, Liberty and the pursuit of Happiness.

Discussion ―――――――――――――――――――――――

"self-evident"라는 표현에 주목합니다. 자명하다… 스스로 명백하다… 누가 알려 주지 않았어도 안다… 그런 뜻입니다. 두 가지 측면에서 봅니다. 알려 주지 않아도 알 수 있는 능력, 그리고 알려 주지 않아도 알 수 있는 지성. 또는 그런 능력을 가진 사람들이 선험적으로 알게 된 진리에 관하여 말하고 있습니다. 그게 무엇인가? 첫째, 만인은 평등하게 창조되었다는 것, 둘째, 그들은 창조주로부터 확고한 불가침의 권리를 부여받았다는 것, 그리고 셋째, 그 불가침의 권리는 (다른 것들도 많지만 중요한 것 몇 가지만 꼽는다면) 생명의 권리, 자유의 권리 그리고 행복 추구의 권리가 있다는 것입니다.

토마스 제퍼슨과 건국의 아버지들은 이러한 세상의 원칙들을 선험적으로 알아낸, 말하자면, 깨달은 사람들이라고 말할 수 있습니다. 그리고 그 깨달음이 바로 위에서 언급한 자연법과 자연신법이고, 여기서 말한 세 가지 원칙들은 바로 자연법에 의거한 것입니다. 자연법이란 인간이면 누구나 공감하고 동의할 수 있는 세상의 원리이자 섭리를 뜻합니다. 굳이 배우지 않아도 사람이라면 누구나 공감하는 하늘의 이치, 그것은 바로 천부인권입니다.

하늘이 부여한 인간의 권리. 우리말로는 하늘 천으로 옮겼지만 원문에는 Creator라고 명시되어 있습니다. 어떤 버전에서는 Creator를 조물주라고 번역하기도 했지만, 크리스천이었던 토마스 제퍼슨이 한국인이었다면 기독교 용어인 창조주라고 표현했을 것이라는 어느 크리스천의 자문을 받아 고심 끝에 "창조주"라고 확정하였습니다. 당연하다고 여겨지는 이 단어를 고민했던 데에는 번역자의 개인적인 종교적 배경도 작용을 했다고 고백합니다. 그러나 보다 냉정하게, 나 자신을 내려놓고, 제퍼슨의 입장에서 그리고 독자의 입장에서 원문의 뉘앙스에 가장 충실한 선택을 했습니다. 당연한 일이지만 일상에서 부딪치는 크고 작은 상황 속에서 공정한 선택과 결단을 한다는 것은 범인들에게는 굉장히 어려운 일인 듯합니다. 번역도 일종의 수행입니다.

천부인권에 대하여 한 가지 염려되는 것은, 그것을 크리스천인 제퍼슨이 말했다 하여, 그리고 창조주 하나님이 천부인권을 부여하였다고 독립선언문에서 선포되었다고 해서 천부인권 자체가 기독교만의 배타적인 개념인 것처럼 또는 미국에서만 통용되는 고유의 개념인 것처럼 오해될 수 있다는 점입니다. 그러한 인식은 또 다른 전체주의로 전락할 위험이 있습니다. 분별력 있는 현명한 분들은 그렇지 않으시겠지만, 천부인권은 인류가 존재했던 바로 그 순간부터 하나님의 말씀이 전파되지 않았던 지역에서도 모든 인간에게 공평하게 부여되어 있었지만, 천부인권을 부정하고 방해하는 수많은 세력들에 의하여 알려지지도 실행되지도 못했었다고 보아야 할 것입니다. 제퍼슨 이전에는 심지어는 기독교도 왕권신수설을 내세워 천부인권을 가로막았던 역사가 있습니다. 부처님과 불교가 다르듯이 하나님의 뜻과 인간이 만든 제도인 기독교도 배치될 때가 있습니다. 그래서 창조주 하나님의 섭리인 천부인권을 정확히 파악하여 표현한 토마스 제퍼슨과 전체주의 왕정과의 전쟁에 승리하여 천부인권의 국가를 세운 건국의 아버지들이야말로 (태초부터 있었던) 천부인권을 우리가 실제로 그리고 직접 맛보고 누릴 수 있도록 해 주었던 선지자이자 전사들이 아니었나 생각해 봅니다. 분명한 것은, 제퍼슨으로 인하여 하나님에 대한 해석이 왕권신수에서 천부인권으로 전환되었다는 사실입니다. 하나님의 뜻을 헤아리고 해석하는 학문이 신학이라면, 독립선언문은 인류 역사상 가장 위대한 신학적 진보였다고 말할 수 있겠습니다.

천부인권의 특징은 "certain unalienable rights"라는 점입니다. 사전을 보지 않고도 알 만한 단어들이라고 생각했습니다. 그리고 문득 잘 모르면서 안다고 착각하고 있었음을 깨닫게 되었습니다. 모른다는 사실을 알아챘습니다. 독립선언문 전체에서 가장 핵심적인 구절들 가운데 하나인데, 안다고 생각하고 무심결에 지나칠 뻔했습니다. 그래서 뒤늦게 정신을 차리고 사전을 뒤져 보았습니다. 〈certain: 확실한/ unalienable: 빼앗을 수 없는〉 그리고 다른 버전의 번역들을 보았습니다.

〈미국대사관〉 양도할 수 없는 일정한 권리
〈한국미국사학회〉 몇 개의 양도할 수 없는 권리
〈안경환〉 양도할 수 없는 일정한 권리

certain이 '일정한'으로 변했고 unalienable이 '양도할 수 없는'으로 바뀌어 있었습니다. 안경환은 틀린 것만 골라서 합쳐 놓았습니다. 사전만 찾아봐도 알 수 있는데 다들 '양도할 수 없는 것'과 '침해할 수 없는 것'을 혼동하고 있었던 것입니다. 대한민국 헌법을 들춰 보았습니다. 거기에 "불가침의 권리"라는 표현이 있습니다. 이게 바로 전문용어로 번역된 unalienable rights입니다. 그래서 바로잡았습니다.

이종권: **certain unalienable rights = 확고한 불가침의 권리** - 차이가 느껴지시나요?

독립선언문의 핵심 사상인 천부인권은 불가침의 권리라는 내용이 대한민국의 헌법에 적혀 있다는 사실을 아는 것은 매우 중요합니다. 대한민국도 천부인권의 나라이고, 대한민국의 정치적 정체성의 근본은 미국독립선언문과 맥을 같이하고 있다는 사실을 입증하는 증거이기 때문입니다. 이 좋은 천부인권을 우리나라에 들여오신 분은 누구였을까요? 목화씨보다는 천부인권이 더 중요한 것 같은데, 문익점만큼이나 대접을 받고 있는지 잘 모르겠습니다. 우리가 할 일이 아주 많습니다.

KSAH: 우리는 다음과 같은 것을 자명한 진리라고 생각한다. 즉, 모든 사람은 평등하게 태어났으며, 조물주는 몇 개의 양도할 수 없는 권리를 부여했는데, 그 권리 중에는 생명과 자유와 행복의 추구가 있다.

JK2020: 우리는 이와 같은 진리들을 자명하다고 믿습니다. 모든 인간은 평등하게 태어났습니다. 그리고 창조주로부터 확고한 불가침의 권리를 부여받았습니다. 그 (권리의) 일부가 생명, 자유 그리고 행복 추구의 권리입니다.

Thomas Jefferson: 우리는 다음을 자명한 진리라고 믿습니다. 모든 인간은 평등하게 태어났다. 그리고 그들은 창조주로부터 확고한 불가침의 권리를 부여받았다. 그 (권리의) 일부가 생명, 자유 그리고 행복 추구의 권리이다.

2b

That to secure these rights, Governments are instituted among Men, deriving their just powers from the consent of the governed,

Discussion ──────────────────────────────────

앞에서 설명했던, 자명하다고 여겨지는 "이러한 진리들"을 계속해서 열거하고 있습니다. 만인은 평등하게 태어났다는 진리, 만인은 천부의 인권을 갖고 있다는 진리. 그 권리들의 일부가 생명, 자유, 행복의 추구라는 진리. 그리고 또 다른 진리를 소개합니다. 앞서 말했던 권리가 개인의 존재와 가치에 관한 진리였다면 이번에는 그 개인들과 국가의 관계에 관한 진리입니다.

자유민주주의의 목적은 시민의 천부인권을 보장하고 보호하는 것입니다. 이것은 외워야 합니다. 그 근거가 이 구절입니다. 정부는 위에서 열거한 개인의 권리들, 즉 천부인권에 해당하는 생명의 권리, 자유의 권리 그리고 행복 추구의 권리를 보장하기 위하여 존재하는 것이라고 제퍼슨은 선언하고 있습니다. 주목할 점은 개인이 먼저냐 정부가 먼저냐 하는 점입니다. 정부란 국가를 통치하는 조직과 그 조직의 사람들을 뜻합니다. 당연히 개인이 먼저 존재했고 그 개인들이 모여서 정부를 조직하였으며, 그 개인들이 의논하고 합의하여 정부의 권한과 권력이 생겨나는 것입니다.

이것이 미국독립선언문이다

그러니까 당연히 그 정부의 권력은 구성원들의 합의에 의해서 발생하는 것이고, 그래서 국가의 절대 권력인 주권은 당연히 그 국가를 구성하는 개인들, 즉 시민들에게 있는 것입니다. 쓰다 보니까 자꾸 "당연히"라는 말을 반복하게 되는데, 지금 보니 그것도 당연한 것 같습니다. 인간이라면 누구나 동의할 수 있는 자연법과 상식에 의거한 추론들이기 때문입니다. 이 자연스럽고 당연한 흐름과 추론이 성립되지 않는 정치제도, 그것이 바로 전체주의입니다. 자유민주주의는 자연입니다.

KSAH: 이 권리를 확보하기 위해 인류는 정부를 조직했으며, 이 정부의 정당한 권력은 인민의 동의에서 유래한다.

JK2020: 이러한 권리를 담보하기 위하여 인간 사회에 정부가 구성되었으며, 그 정부의 정당한 권력은 시민의 동의로부터 발생하는 것입니다.

Thomas Jefferson: 이러한 권리를 담보하기 위하여 인간 사회에 정부가 구성되었으며, 그 정부의 정당한 권력은 시민의 동의로부터 발생한다.

2c

That whenever any Form of Government becomes destructive of these ends, it is the Right of the People to alter or to abolish it, and to institute new Government, laying its foundation on such principles and organizing its powers in such form, as to them shall seem most likely to effect their Safety and Happiness.

"자명한 진리" 시리즈의 마지막 편입니다. 정부의 목표와 그것을 이행하는 권한은 주권자들의 동의와 합의에 의해서 정해진 것인데, 그렇게 세워진 정부가 그 약속을 파기하고 딴짓을 한다면? 당연히 주권자들은 그 정부를 파기하고 새로운 정부를 세워야 하겠지요. 주권자가 사용자, 정부가 피사용자니까요. 그래서 새로운 정부는, 원점으로 돌아가, 앞서 열거했던 자명한 진리들을 기본 원칙으로 삼아 주권자들의 안전과 행복을 위한 행정을 펼쳐야 할 것이고, 그렇게 만드는 것이 바로 주권자들의 권리임을 천명하고 있습니다.

이러한 주권자를 시민이라고 합니다. Citizen. 군에서 살면 군민, 도에서 살면 도민, 국가에서 살면 국민. 이런 분류도 있지만 citizen vs. subject라는 구분도 있습니다. subject는 우리말로 신민(臣民)이라고 옮기는데, 신성한 권위를 가진 황제, 왕 등 군주 또는 종교 지도자에 복종하는 사람을 뜻합니다. 왕조시대의 백성에 해당하는 말이며, 주권을 가진 국민은 시민, 왕의 신하인 국민은 신민. 이렇게 다릅니다. 독립선언문을 전후로 하여 식민지 시대의 아메리카인들은 신민, 그리고 독립선언 이후의 아메리카인들은 시민이죠. 독립선언문은 주권을 가진 시민으로서의 권리가 자명한 진리의 하나라고 천명하고 있는 것입니다. 주권재민 맞죠?

다행인지 불행인지, 이번에 해제를 쓰면서 제 버전의 잘못된 부분을 발견하였습니다. 고백하면, 기존 번역에서 약간의 타협을 했던 면이 있었습니다. 이번에 다시 검토하면서 그 점을 절감하고 수정·보완합니다.

목적을 목표로 바꾸었는데, '목표'가 미세하게나마 원문의 취지에 부합하는 듯합니다. becomes destructive of 역시 어떤 action이 행해진다는 것이 아니라 상태의 변화이므로 '파괴한다'든가 '방해한다'라고 옮길 것이 아니라 '해악이 된다'라고 옮기는 것이 가장 정확하다는 사실을 깨달았습니다. 어제랑 오늘 고심한 결과입니다. 우리들의 낭독본도 이렇게 고쳐야 하겠습니다.

KSAH: 또 어떠한 형태의 정부라도 이러한 목적을 파괴할 때는 언제든지 정부를 변혁하거나 폐지해 인민이 가장 효과적으로 안전하고 행복할 수 있는, 그러한 원칙에 기초를 두고 그러한 형태로 기구를 갖춘 새로운 정부를 조직하는 것이 인민의 권리이다.

JK2020: 어떠한 정부라도 이러한 목적에 방해될 때에는 그것을 개혁하거나 타파하고 새로운 정부를 수립하여, 그들의 안전과 행복을 가장 충실히 구현할 수 있는 원칙 위에 정부의 토대를 세우고 그 목적에 부합하도록 정부의 권력을 조직하는 일은 바로 시민의 권리인 것입니다.

Thomas Jefferson: 어떠한 정부라도 이러한 목표에 해악이 된다면 그것을 개혁하거나 타파하여 새로운 정부를 수립하고, 그러한 원칙에 기초하여, 그들의 안전과 행복을 가장 충실히 구현할 수 있는 권력을 조직하는 일은 바로 시민의 권리이다.

3.

Prudence, indeed, will dictate that Governments long established should not be changed for light and transient causes; and accordingly all experience hath shewn, that mankind are more disposed to suffer, while evils are sufferable, than to right themselves by abolishing the

forms to which they are accustomed.

respect & prudence. 존중과 신중 - 독립선언문 전체를 관통하는 토마스 제퍼슨의 태도입니다. 첫 문장의 decent respect requires~, 그리고 이번 문장의 Prudence, indeed, will dictate~에 공통점이 있지요. 도리가 요구한다…. 즉, 이러이러한 것이 도리이다…. 그리고 신중함은 명령할 것이다…. 즉, 신중하기 위해서는 이렇게 이렇게 해야 할 것이다…라고 쓰고 있습니다. 즉, 인류를 존중하여 도리를 다하는 것, 그리고 실천을 위한 결단은 신중할 것, 이것이 제퍼슨과 건국의 아버지들이 일을 처리하는 방식이다. … 이렇게 말할 수 있겠습니다. 우리는 미국의 독립선언문의 정신으로 만민평등, 천부인권, 주권재민을 꼽고 있지만, 그것을 추구하는 방식은 존중과 신중이라는 사실도 함께 알아 두어야 하겠습니다. 왜 신중해야 하는가? all experience hath shewn! (인류가 겪어 왔던) 경험, 다시 말하면, 인류 역사가 그렇게 흘러왔음을 보여 주고 있기 때문이죠. 그래서 가볍고 일시적인 사안들로 경거망동해서는 될 일이 아니고, 사안들이 쌓이고 쌓여서 더 이상 인내하기 힘들게 되었을 때 거사는 이루어지더라는 역사적 교훈을 말하고 있습니다.

KSAH: 진실로 인간의 심려는 오랜 역사를 가진 정부를 천박하고도 일시적인 원인으로 변경해서는 안 된다는 것, 인간에게는 이미 관습화된 형식을 폐지하면서 악폐를 시정하기보다는 그 악폐를 참을 수 있는 데까지 참는 경향이 있다는 것을 가르쳐 주고 있다.

JK2020: 오랫동안 있어 왔던 정부를 사소하고 일시적인 이유들로 교체하는 것은 실로 신중하지 못한 일입니다. 그리고 인류는 몸에 배인 정부 제도를 타파하여 폐악을 바로잡기보다는 인내할 수만 있다면 인내하는 경향이 있음을 역사는 말해 주고 있습니다.

Thomas Jefferson: 오랫동안 있었던 정부를 가볍고 일시적인 이유로 교체하는 것은 실로 신중하지 못한 일입니다. 그리고 인류는 몸에 배인 제도를 타파하여 폐악을 바로잡기보다는 인내할 수만 있다면 인내하는 경향이 있음을 역사는 말해 주고 있습니다.

4.

But when a long train of abuses and usurpations, pursuing invariably the same Object evinces a design to reduce them under absolute Despotism, it is their right, it is their duty, to throw off such Government, and to provide new Guards for their future security.

Discussion

작년도에 번역을 마치면서 기존 버전의 문제점들을 지적하며 그것들에 비하면 내 것은 제퍼슨이 보기에 70-80점은 되지 않겠는가 하는 글을 썼던 적이 있습니다만, 나머지 20-30점은 어디서 깎인 것인지는 알 수가 없었습니다. 오랜만에 다시 원문을 들여다보면서 개선할 기회가 되어 다행이라 생각합니다. 바로 이 문장, 이번에 업그레이드합니다. 그렇게 많이 손을 봤었는데, 정말 끝이 없네요.

제퍼슨은 이 문장의 의미를 시각적으로 표현하려고 했습니다. 포인트는 train입니다. 열차죠? 제퍼슨은 당시의 정치 상황을 한 칸에는 abuse, 또 다른 칸에는 usurpation을 적재한 열차가 요지부동 한 방향으로 치닫고 있는 장면으로 그려 냈습니다. 문제는 그러한 열차가 세상에 나타난 것은 독립선언문이 발표된 훨씬 후인 1825년이죠, 그것도 영국에서. 그래서 열차가 발명되기도 전에 있었던 단어라면 그 전에는 어떻게 사용되었는지 알아보기 위하여 어원사전을 들여다보았습니다. 지금은 train이라고 하면 기차나 열차밖에는 연상하지 못하지만 16세기에는 General sense of "series, progression, succession, continuous course"라는 의미가 있었다고 되어 있습니다. train of thought라는 표현이 1500년대에 사용되었던 기록이 있었고요, 엔진 달린 기차라는 뜻으로 사용되기 시작된 것은 1820년대부터. 그러니까… 의미상으로는 여기서 train을 열차라고 해석하면 가장 감각적이긴 한데, 제퍼슨이 몰랐던 것을 얘기하는 꼴이기 때문에, train을 열차로 옮기는 것은 시대착오적 번역이기에… 고심 끝에 '행렬'을 선택했습니다. 그 뒤에 "pursuing"이라는 표현과 함께 의미의 아구가 딱 맞습니다. 이렇게 했을 때 제퍼슨의 문장 구조도 훼손하지 않고 우리말로 옮길 수 있습니다. 가장 좋은 번역은, 제 생각에는, 의미의 훼손이 없는 것은 기본이고, 한국어로 어색하지 않으면서 원문의 문장구조까지도 재연하는 것인데, train의 한국어 카운터 파트를 찾아냄으로써 그것이 가능해졌습니다.

- 학대와 착취 vs. 권력 남용과 권리침해 vs. 학대와 강탈
이 부분은 가급적 기존의 번역본에서 사용된 표현을 피하려고 학대와 착취 대신에 권력 남용과 권리침해라는 전문용어를 사용했으나 이 문서가

정치학 문서가 아니라 대중을 위한 선언문이므로 보다 감정적으로 어필되는 표현을 사용하는 것이 옳다고 최종 판단합니다. 다만, 한국사학회에서 착취로 번역한 usurpation은 사전적 의미가 "강압에 의하여 남의 것을 빼앗는 행위"인데 착취에는 강압의 의미가 포함되어 있지 않아 적절한 번역이 아니라고 여겨집니다. 그래서 학대와 강탈로 낙찰!

- design은 (지금은 안 하고 있지만 앞으로는 하겠다는) "계획"이 아니라 실제로 오랫동안 진행되어 왔고 지금도 계속되고 있는 일들의 최종 목적, 그리고 그 목적에 대한 의도까지 포함된 표현입니다. 이러한 design이 evince, 즉 명확하게 드러낸다는 말과 합쳐지면, 토속적인 우리말로, "본색을 드러낸다"는 표현으로 치환될 수 있습니다. 참고 또 참지만, 본색이 드러난 이상 참고만 살 수는 없겠지요?

- new Guards를 한국미국사학회는 "새로운 보호자"라고 옮겼지만 독립선언문은 실력 있는 개인의 능력이나 지도가 아닌 시민의 합의를 정확히 이행할 수 있는 시스템을 추구하는 사상을 피력하고 있으므로 독립선언문의 취지에서 벗어난 번역이라고 여겨집니다. such Government를 축출한 그 자리에 오게 될 것은 당연히 new Government입니다. 그것을 Guards라고 표현했습니다. 원어민의 해설서에서는 provide new Guards를 start fresh라고 간략히 풀이했고 이것은, 다시 말하면, 새로운 정부를 출범시킨다는 뜻입니다. 앞뒤 맥락상 "새로운 정부를 출범시킨다"는 뜻은 확실하나 제퍼슨과 달리 "정부"라는 표현을 똑같이 쓰는 것이 다소 마음에 걸리지만, 그대로 아쉬운 대로 "새로운 정부를 출범시킨다"로 결정합니다. 단, 한국미국사학회처럼 "새로운 보호자를 마련"한다는 번역은 완전히 꽝입니다.

- security 역시 미래의 안전이 아니라 안녕이 보다 포괄적 의미. 안전은 위험으로부터 보호되는 상태를 뜻하지만 안녕은 전반적인 행복과 웰빙을 뜻합니다. 새로운 정부를 출범한다는 것은 단지 안전만을 위한 것이 아니라는 것은 너무나 당연한 얘기죠.

KSAH: 그러나 오랜 시간 계속된 학대와 착취가 변함없이 동일한 목적을 추구하고 인민을 절대 전제정치 밑에 예속시키려는 계획을 분명히 했을 때에는, 이러한 정부를 타도하고 미래의 안전을 위해서 새로운 보호자를 마련하는 것이 그들의 권리이자 의무이다.

JK2020: 그러나 수없는 권력 남용과 권리침해를 통하여 국민을 끊임없이 절대 폭정으로 억압하려는 뜻이 명확해졌을 때, 그러한 정부를 타도하고 미래의 안녕을 위하여 새로운 정부를 출범시키는 것은 시민의 권리이자 의무입니다.

Thomas Jefferson: 그러나 기나긴 학대와 착취의 행렬이 요지부동으로 단일한 목표를 향해 움직이며 그들을 절대 전제정치의 치하에 예속시키려는 본색을 드러냈을 때, 그러한 정부를 타도하고 미래의 안녕을 위하여 새로운 정부를 출범시키는 것은 시민의 권리이자 의무입니다.

5.

Such has been the patient sufferance of these Colonies; and such is now the necessity which constrains them to alter their former Systems of Government.

여기서 키포인트는 patient sufferance. patient: 참을성 있는. sufferance: 고통. 그런데 참을성 있는 고통이라고 옮기면 뜻이 와닿지가 않죠. 간단한 것 같아도 이해가 가도록 옮기기가 살짝 난처했습니다만, sufferance의 주체가 누구인지, 그리고 sufferance의 속성이 무엇인지를 분석하여 구clause를 절phrase로 옮겨 우리말답게 만드는 방법입니다. sufferance의 주체는 (우리) 식민지 주민들. sufferance는 (그것을 당하는 사람이) 견디거나 극복해야 하는 대상이므로 patient sufferance라는 표현은 '(우리가) 인내심 있게 견뎌 왔던 고통'이라는 뜻이 됩니다. 그간 고통스러웠지만 참을 만큼 참았다…. 하지만 이제는 더 이상 못 참겠다… 하는 뜻이 되겠습니다. 이것을 조금 멋스럽게, 제퍼슨 스타일로 표현한 것이 "인내로써 견뎌 왔던 고통"입니다. 한국미국사학회는 그 섬세한 의미를 살리지 못했지요. 아마도 정치학도나 역사학도의 작품으로 추측되는데, 이것이 바로 번역에 있어서 문학 전공 출신자와의 차이점입니다. 번역도 예술이죠. 특히 원전이 예술 작품이라면.

KSAH: 이와 같은 것이 지금까지 식민지가 견뎌 왔던 고통이었고 이제 종래의 정부를 변혁해야 할 필요성이 바로 여기 있다.

(2) **JK2020**: 이것이 바로 (우리) 식민지들이 인내로써 견뎌 왔던 고통입니다. 그리고 바로 이것이 오늘날 작금의 통치 체제를 변경할 수밖에 없는 필연적 이유인 것입니다.

(3) **Thomas Jefferson**: 이것이 바로 식민지 체제하에서 (우리들이) 인내로써 견뎌 왔던 고통입니다. 그리고 이것이 바로 오늘날 (우리가) 작금의 통치 체

제를 변경할 수밖에 없는 필연적 이유인 것입니다.

설문 조사입니다. 기왕 손보는 김에 이 문장도 약간의 변화를 줘 봤는데, (2)와 (3) 중에 어떤 게 더 마음에 드시는지요?

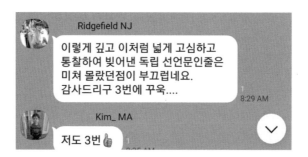

6.

The history of the present King of Great Britain is a history of repeated injuries and usurpations, all having in direct object the establishment of an absolute Tyranny over these States.

Discussion

- "present King of Great Britain"은 조지 3세 George III (1738-1820)으로서, 22세였던 1760년부터 종신으로 재위하였습니다. 프렌치 인디언 전쟁을 통해 아메리카에서 프랑스 세력을 몰아낸 후 왕실이 겪게 된 재정적 위기를 벗어나고자 아메리카 식민지에 인지세법과 타운센트법 등의 무리한 법령을 강행하였습니다. 이에 반발하여 아메리카 13개 식민지의 주민

들이 궐기한 것이 아메리카 혁명으로, 독립 전쟁의 빌미를 주었던 왕입니다.

- these States는 영국령의 13개 식민지들을 일컫는데, 제목에서 처음으로 이들을 states라고 칭한 이후 본문에서 이 표현을 사용하고 있습니다. 거듭 말하지만, "States"는 사전적 의미가 "주"가 아니라 "국가"입니다. 습관적으로 뉴욕, 뉴저지 등을 지칭할 때 "주"라고 표현하는 습관이 있어서 State를 국가에 종속된 하위개념으로 '이해'하여 "주"라고 번역한 것일 뿐, 독립선언 당시 13개의 식민지들은 상호간에 수평적이고 독립적인 관계였습니다. 이 식민지들이 독립을 선언하면서 "colony"에서 "state"로 스스로 위상을 높인 것입니다. 3.1 독립선언문에서도 "오등(吾等)은 자(玆)에 아(我) 조선(朝鮮)의 독립국(獨立國)임과 조선인(朝鮮人)의 자주민(自主民)임을 선언(宣言)하노라."라고 선언했지요. 그러나 선언을 했다고 해서 state로 승격이 되고 독립국으로 인정이 되는 것은 별개의 문제입니다. 그것이 실현되어 만인이 인정받는 현실이 되기 위해서는 고통스러운 과정이 필요했습니다. 그 고통스러운 과정의 목표, colony에서 state로, 신민 subject에서 시민citizen으로 스스로의 위상을 쟁취하겠다는 의지의 표현이 이 these states 속에 들어 있습니다.

- these states가 가리키는 대상은 13개 식민지라는 것은 쉽게 알 수 있지만, 한글로 옮기면 어색해지는 점이 어려운 점입니다. "이 나라들" "이들 제국." 여기서 제국이란 "帝國(empire)이 아니라 諸國(several countries)" 이런 정도인데, 느낌이 잘 와닿지도 않고 읽기에도 어색합니다. 그래서 들고 나온 대안이 "이 땅." 이 땅이란 13개 제국이 자리 잡은 아메리카 대륙을 의미하죠. 13개 식민지에서 공히 절대 전제정치를 구축하려 했다는

점에서, 그들 모두가 자리 잡고 있는 아메리카 대륙, 그것을 지칭하는 "이 땅"으로 '의역'해 보았습니다.

KSAH: 대영국의 현재 국왕의 역사는 악행과 착취를 되풀이한 역사이며, 그 목적은 직접 이 땅에 절대 전제정치를 세우려는 데 있다.

Thomas Jefferson: 지금의 영국 왕은 끊임없는 위압과 침탈의 역사를 써 내려온 자로서, 그 목적은 오로지 이 땅에서 절대 전제 정권을 구축하는 것입니다.

7.

To prove this, let Facts be submitted to a candid world.

`Discussion`

지금까지의 내용이 제퍼슨과 식민지연합의 주장에 해당되는 부분이라면 지금부터는 그 주장들을 뒷받침하는 근거를 제시해야 할 시점입니다. 미국사학회가 말하는 것처럼 "사실을 밝히기 위해서"가 아니라 prove, 즉 증명하기 위하여. 증명을 하려면 주장을 뒷받침할 수 있는 사실들을 제시할 수 있어야 하겠지요? 누구에게? to a candid world.

world는 세상일까요? 세계일까요? world는 경우에 따라 한국어로 세상 또는 세계, 이렇게 두 가지로 번역될 수 있는데, 국립국어원의 정의에 따르면 세상은 "사람이 살고 있는 모든 사회를 통틀어 이르는 말", 세계는 "지구상의 모든 나라, 또는 인류 사회 전체"로 구분한다. 여기서는 외신 기자들을 모아 놓고 기자회견하는 장면이 아니고 엄밀히 말하면 당대의 사람들뿐 아니라 우리 같은 후대에게 호소하는 내용이므로, 당연히 세계가 아니라 세상입니다. 같은 world라도 세계보다 세상이 보다 포괄적인 개념이죠. 세상은 세상인데, 그냥 세상이 아니고, candid world죠. 정직한 세상? 세상이 정직하다고?

candid world는 사물을 있는 그대로 바라보는 세상, 편견이나 편향된 가치 또는 이해관계 없이 우리의 목소리, 우리의 호소를 들어 주는 세상을 뜻합니다. 내 편도 네 편도 아닌 객관적 제삼자의 입장인 사람들에게 이실직고하겠다는 뜻을 표명하는 것입니다. 가재는 게 편이라든지, 피는 물보다 진하다든지, 아전인수라든지… 이러한 프레임에서 벗어난 공정하고 객관적인 입장에서도 우리는 옳다는 자신감의 표명인 것입니다.

여기까지가 제퍼슨의 독립선언문 서문에 해당되는 부분입니다. 독립선언문은 서문과 본문 그리고 결론으로 구성되는데, 독립의 이론적 근거와 필연성을 주장하는 내용이 지금까지 공부했던 서문이라면 본문에서는 방금 얘기했던 주장의 근거들을 사실적으로 적시하고 있습니다. 도대체 왕은 식민지에서 무슨 일을 자행했기에 식민지인들은 더 이상 참지 못하고 독립을 선언해야 했을까? 그게 바로 지금부터 소개됩니다. 세상을 향한 제퍼슨의 이실직고가 이제부터 시작됩니다.

KSAH: 이러한 사실을 밝히기 위하여 다음의 사실을 공정하게 사리를 판단하는 세계에 표명한다.

JK2020: 이를 증명하기 위하여 있는 그대로의 사실들을 세상에 고하는 바입니다.

Thomas Jefferson: 이를 증명하기 위하여 공정한 세상에 (다음과 같은) 사실을 고하는 바입니다.

8.

He has refused his Assent to Laws, the most wholesome and necessary for the public good.

KSAH: 국왕은 공익을 위해 매우 유익하고 필요한 법률을 허가하지 않았다.

Discussion

국왕 vs. 그 ‖ 매우 vs. 가장 ‖ 유익 vs. 부합 ‖ 허가 vs. 승인

지금부터 언급되는 He는 모두 조지 3세입니다. 모두 25가지의 죄목을 열거하는데, 이 부분을 Bill of indictment라고 부르기도 합니다. 마치 검사가 재판정에서 피고의 죄목을 적시하는 것과 같은 형식입니다.

번역을 아무리 잘해도 의미와 형식이 어느 정도는 왜곡이 될 수밖에 없는데, 그것을 방지하기 위해서 할 수 있는 최선은 원저자의 워딩을 최대한 보전하는 것입니다. 이 부분에서 원저자가 조지 3세를 King이라고 부르지 않고 He라고 호칭했으므로 그대로 옮기는 것이 제퍼슨의 의도라고 믿습니다. 물론 이런 원칙을 고수하다가 한국어 독자의 이해를 방해한다면 그것 역시 태만한 번역이라고 할 수 있겠습니다. 번역도 중도의 지혜가 필요한 작업입니다. 여기선 원문 그대로 "그"라고 옮겨도 이해에 전혀 지장을 주지 않으니….

- the most '매우'가 아니라 '가장' xx하다는 뜻입니다. "최상급"으로서 비교의 대상이 있다는 뜻이 포함되어 있습니다. 여러 법률들 가운데 가장 많

이, '가장' wholesome하면서도 necessary한 법률을 선택하여 승인하지 않았다는 속뜻이 있습니다. "매우"는 비교의 대상을 염두에 둔 표현이 아니므로 이와 같은 속뜻을 전달할 수 없습니다.

- wholesome은 건강하다, 유익하다는 뜻을 갖고 있는 단어입니다. 그런데 그 단어가 사용된 맥락에 따라 의미는 유지하되 사전에 나오지 않았지만 그래도 그 맥락에서 가장 적합한 표현을 찾아내야 할 때가 있습니다. 지금 같은 경우 public good에게 있어서 wholesome하다… 공공의 이익에게 건강하다… 말이 안 되죠? 건강은 생물에게 사용되는 표현이니까. 그럼 공공의 이익에게 유익하다… 이익에게 유익하다? 확실히 이상하죠? 중복이기 때문입니다. 공공의 이익에 가장 (많이) 부합된다… 이것이 우리가 '공공의 이익'이라는 아이템과 숙어적으로 가장 많이 사용하는 표현이죠? 그럼 이게 정답일 가능성이 가장 높은 번역인 것입니다. 더 좋은 표현이 있을지 모르겠지만, 여기까지가 나의 능력. 다음 번역자의 숙제.

- 법률을 허가하지 않았다? 같은 식사meal이라도 "밥"과 "진지"의 차이처럼 뉘앙스와 사용처가 다른 어휘들이 있습니다. 저는 여기서 "승인"을 사용했는데, 허가와 승인의 미세한 뉘앙스의 차이를 느꼈기 때문입니다. 느끼긴 느꼈는데, 제 느낌을 확인할 필요가 있어서 국립국어원에 찾아가 보았습니다.

허가: '법령에 의하여 일반적으로 금지되어 있는 행위를 행정기관이 특정한 경우에 해제하고 적법하게 이를 행할 수 있게 하는 일'
승인: '어떤 사실을 마땅하다고 받아들임'

대체로 비슷한 뜻인데, 굳이 따진다면 이런 차이가 있다고 하네요. 무엇이 조금이라도 적절해 보이나요?

Thomas Jefferson: 그는 공공의 이익에 가장 부합되고 필수적인 법률들을 승인하지 않았습니다.

9.

He has forbidden his Governors to pass Laws of immediate and pressing importance, unless suspended in their operation till his Assent should be obtained; and when so suspended, he has utterly neglected to attend to them.

Discussion

governor는 식민지 시대에 영국 왕이 파견한 각 식민지의 총독입니다. governor라는 타이틀은 아메리카가 영국의 식민지가 되기 이전 정착했던 청교도들의 자치 공동체인 Plymouth에서도 있었고, 식민지 시대에도 있었고, 연방 정부를 구성하여 식민지들이 짧은 시기 동안 각각 독립적인 국가를 형성하던 시기를 지나 연방을 형성하여 13개의 국가들이 주(州)가 된 이후에도 각 주에 governor가 있었습니다. 하나의 타이틀이 여러 시대를 거치면서 다른 위상을 갖게 된 예입니다. 그래서 영어로는 한 단어인데, 그 맥락을 이해시키기 위해서 한국어로는 여러 가지로 옮기게 됩니다. Plymouth 시대에는 마을 대표, 식민지 시대는 (왕이 파견한) 총독, 그리고 연방 정부 시대에는 주지사. 여기서는 총독이겠지요.

이 문장은 당시 법률 제정 과정에 왕이 권력을 부당하게 행사하였던 정황을 고발하고 있습니다. 그런데, 당시 법률 제정 과정은 문장 속에서 설명을 생략하고, (이 글의 청중들은 그 정도의 배경은 이미 알고 있을 것이라는 전제하에) 왕의 잘못을 부각시켜 비판하는 문장입니다. 그래서 생략된 구문 속에서 시대적 맥락을 파악해야만이 이 문장이 확실히 이해가 된다는 것을 저도 이번에 다시 공부하면서 알게 되었습니다. 한국미국사학회와 저의 기존 번역 모두가… 대의는 얼추 비슷하게 옮겼지만 구문적 파악은 미흡했다고 말씀드립니다. 특히 "unless suspended in their operation till his Assent should be obtained" 부분을 구문적으로 정확히 파악하지 못하고 얼버무렸다는 점을 발견했습니다. 당시로는 최선이라 생각했는데, 오랜만에 다시 보았더니 확연해졌습니다. 생략, 축약된 이 문장을 풀이하면 이런 내용입니다.

당시의 governor는 왕의 허락이 떨어질 때까지는 각종 법안의 처리를 보류해야 하는 규칙이 있었던 것으로 추정됩니다. 그렇게 승인이 되지 않았는데도 (워낙) 긴급하고 중요한 사안이라서 governor가 (임의로) 처리를 하려고 하면 그것을 왕이 통과시키지 못하도록 금지했다는 뜻입니다. 그리고 그렇게 유보를 시킨 후에는 그 법안을 거들떠보지도 않았다.
- utterly neglected to attend to them = 그것들을 거들떠보지도 않았다…
이게 가장 정확한 의미 전달이 되겠습니다.

KSAH: 국왕은 긴급이 요구되는 중요한 법률이라 할지라도 자신이 동의하지 않으면 시행해서는 안 된다고 식민지 총독에게 명령했다. 이렇게 하여 시행이 안 된 법률을 국왕은 다시는 고려하지 않았다.

JK2020: 그는 아무리 긴급하고 절박한 사안이라 할지라도 자신의 승인이 있을 때까지 그 휘하의 총독들에게 법률 제정을 금지시켰습니다. 그리고 그렇게 보류시킨 후에는 도움이 필요할 때에도 철저히 외면하였습니다.

Thomas Jefferson: 그는 긴급하고 중요한 법안들이 그의 승인이 있을 때까지 (처리가) 유보되지 않았다면 (그 휘하의) 총독들에게 그 법안들의 통과를 금지시켰습니다. 그리고 그렇게 보류된 후에는 그것들을 거들떠보지도 않았습니다.

10.

He has refused to pass other Laws for the accommodation of large districts of people, unless those people would relinquish the right of Representation in the Legislature, a right inestimable to them and formidable to tyrants only.

KSAH: 국왕은 인민에게는 더할 나위 없는 권리이지만 오직 전제군주에게만은 두려운 권리인 입법부에서의 대의권을 포기하지 않는다면 광대한 선거구를 조정하는 법률을 허가할 수 없다고 했다.

Discussion

- "광대한 선거구 조정?" accommodation of large districts of people에서 accommodation은 수용한다는 뜻입니다. accommodation은 수용한다, 편입한다는 뜻입니다. 그러니까 인구가 많은 지역을 (새로운) 행정구역으로 수용한다는 뜻이 되겠습니다. 광대하다면 지리적으로 넓다는 오해

를 불러일으킬 수 있고 조정이라는 표현은 편입뿐 아니라 제외시킨다는 의미도 포함되니 잘못된 번역이 되겠습니다. 여기서 large는 인구면에서 large라는 뜻입니다. district는 오늘날 숫자와 함께 사용하여 뉴욕주 제9 "선거구"와 같이 사용되어 "선거구"라고 옮긴 것으로 보이는데, 여기서는 district라는 단어의 원래 의미인 "지역"을 뜻합니다. 그 이유는?

이 문장에서 쟁점은 the right of Representation in the Legislature입니다. 의회에서의 대표권. 즉, 지역민들을 대표할 수 있는 의원들을 지역민이 선출할 수 있는 권리를 쟁점으로 삼은 문장입니다. No Tax without Representation!이라는 유명한 말이 있죠. 대표권 없이 납세도 없다. 아메리카 혁명의 동기를 핵심적으로 축약한 유명한 슬로건입니다. 시민이 원하는 대표권자를 의회에 보내서 입법을 할 수 없다면 세금을 납부하지 않겠다는, 주권재민 사상의 기본 중의 기본입니다. 이 대표권은 시민들의 공정한 선거와 투표를 통해 구현되기 때문에, 그런 의미에서 district를 "선거구"라고 옮겼는지 모르겠으나, 그 지역을 편입할지 말지, 또는 지역민들에게 투표권을 줄지 말지를 놓고 갈등을 일으키고 있는 상황에서 그 지역을 "선거구"라고 옮긴 것은 district의 특수한 현대적 의미를 245년 전의 같은 단어에 갖다 붙인, 시대착오적 번역이라 여겨집니다. (선거를 하든 안 하든 간에) 행정구역으로서의 district, 그곳에서 시민들이 대표권을 주장하면 편입하지 않겠다는 것이 국왕의 입장이므로, district는 그냥 (예비 행정구역으로서의) '지역' 또는 '지역구' 정도로 옮기는 것이 타당하겠습니다.

영어는 명사를 수식하는 구와 절이 명사의 뒤에 있고, 한국어는 그것들이 명사의 앞에 위치합니다. 이것으로 인해 번역할 때 어순이 뒤집어지는 결과를 낳습니다. 헌데 원저자는 중요한 내용을 앞에, 그리고 덜 중요한 내용을 뒤에 배치하고 싶다면, 번역으로 인해 원저자의 (어순에 관한) 의도가 망가지게 됩니다. 또한 이로 인해 어색한 번역체가 만들어져 본문의 이해가 어려워질 수도 있습니다. 이러한 경우 (이것이 최선인지는 모르겠으나) 하나의 문장을 둘로 나누어, 이해하기 쉽고 원저자의 어순에 수렴하는 선택을 하게 됩니다. 예술 장르의 하나로서, 번역도, 천의무봉의 옷이나 못을 사용하지 않은 건축처럼, 번역한 티가 나지 않아야 하는데, 이럴 때 번역의 한계를 느낍니다.

JK2020: 그는 지역민들이 입법부에서 대의권을 포기하지 않는다 하여 (인구가 많은) 대형 지역구 신설에 관한 법률 제정을 거부하였습니다. 폭군에게나 성가실 뿐 시민들에게는 더없이 소중한 권리임에도 불구하고 말입니다.

Thomas Jefferson: 그는 지역민들이 입법부에서 대의권을 포기하지 않는다 하여 (인구가 많은) 대형 지역구 신설에 관한 법률 제정을 거부하였습니다. 폭군에게나 두려울 뿐 시민들에게는 더없이 소중한 권리임에도 불구하고 말입니다.

11.

He has called together legislative bodies at places unusual, uncomfortable, and distant from the depository of their public Records, for the sole purpose of fatiguing them into compliance with his measures.

독립선언문 서문 이후의 본문 부분은 Fact 기반이라는 점을 염두에 두어야 합니다. 즉, 실제로 있었던 일들이라는 뜻입니다. 실제로 행해졌던 폭정과 전제정치의 사례인 것입니다. 이 사례들은 시대가 흘러도 겉모습만 다를 뿐 폭정과 전제정치의 반복되는 패턴으로서, 오늘날의 정치 현실에서도 많이 일어나고 있다는 점을 염두에 두면서 현실 정치를 관찰하는 것도 도움이 되겠습니다. 독립선언문은 역사적 유물이 아니고 오늘날에도 여전히 살아 숨 쉬는 정치 문서입니다. 역사 문서라면 교양과 상식의 일환이겠지만 살아 숨 쉬는 정치 문서란 오늘날에도 해당 사회에서 개인의 삶을 규정하는 가이드이자 지침입니다. 실생활에 유효하다는 것입니다. 그것을 실제로 유효하게 활용하기 위해서는 유효한 것으로 인식하고 유효하게 관찰하고 적용하고 실천해야 할 것입니다. 그러려면 이 문서를 깊이 이해하고 숙지해야 할 것입니다. 이 해설을 쓰는 까닭이 여기 있습니다.

공문서 보관소란 의정 활동을 하는 대의원들이 참조해야 하는 각종 통계와 기록물들이 보관되어 있는 곳입니다. 거기서 가까워야 회의 준비도 수월하고 효율적인 의정을 펼칠 수가 있을 것입니다. 그런데 왕은 공문서 보관소로부터 멀고도 불편한 장소를 회의장으로 선정함으로써 의정을 방해하고 있습니다.

- legislative bodies: 상원과 하원, 이렇게 양원을 뜻하는 것이 아니라… 13개 식민지의 입법기관들을 의미함. 실제로 이런 일은 뉴욕과 매사추세츠에서 있었던 일이고, 제퍼슨은 이런 일들을 염두에 두고 쓴 것입니다. 따라서 legislative bodies를 "양원"이라고 옮긴 것은 명백한 오역.

- fatiguing them into compliance ⇒ 지치게 만들어 자포자기 상태로 왕의 뜻에 순응하게 만든다는 의미.

KSAH: 국왕은 우리를 괴롭혀 결국은 자신의 정책에 복정시키기 위해 입법기관의 양원을 공문서 보관소에서 멀리 떨어진 유별나고 불편한 장소에 동시에 소집했다.

Thomas Jefferson: 그는 대의원들이 지쳐서 할 수 없이 그의 법령을 받아들이도록 만들고자 공공 기록 보관소에서 멀리 떨어진 생소하고 불편한 장소에서 의회를 소집하곤 했습니다.

12.

He has dissolved Representative Houses repeatedly, for opposing with manly firmness his invasions on the rights of the people.

KSAH: 국왕은 인민의 권리를 침해한 데 대해 민의원이 단호하게 반발하면 몇 번이고 민의원을 해산했다.

Discussion

- Representative House가 민의원? 민의원은 참의원과 함께 양원제 의회를 채택했던 대한민국 제2공화국의 의회를 연상시키는 용어입니다. 원문에서는 시민을 대표하는 회의라는 보편적 의미로 사용했는데 "민의원"이라고 옮기니까 특수한 의회인 것 같은 느낌을 줍니다. 원문에 표현되지 않은 의미를 번역자가 굳이 없는 말을 만들어 보강하고 있다면 과도한 번

역이죠. 대다수 미국사 전문 서적에서는 헌법 제정 이전의 시민 대표를 대의원이라고 옮기는 추세이고 그 모임을 입법부, 의회, 대의원회의 등으로 옮기고 있습니다. 미국과 관련된 전문용어들 가운데는 표준화된 공식 한국어 번역이 없이 혼용되는 경우가 많기는 하지만 (다른 건 몰라도) '민의원'은 부적절해 보입니다. 한국미국사학회 버전의 독립선언문 한국어판에 의존해 독립선언문 해설서라는 논문을 작성한 서울대 안경환 교수도 "민의원"이 부적절하다고 판단했는지 한 걸음 더 나아가 "민회"라고 옮겼는데, 굳이 "민"이라는 표현을 집어넣은 것은 식민지 주민들이 주체적으로 선출한 대표자들이라는 사실을 번역을 통해 드러내려는 시도였다고 이해는 되지만, "민의원"이나 "민회"나 도긴개긴.

기소문의 입장에서는 왕이 콕 찍어서 "민의원" 또는 "민회"라는 특별한 형태의 의회를 자꾸 해산시켰다기보다는 "의회"를 반복적으로 해산시켰다고 표현하는 것이 시민들에게 국왕의 폭정을 부각시키는 효과를 낼 수 있지 않을까 여겨집니다. 번역자에게 있어서 원저자의 전체적 의도를 충실하게 전달하는 일과 특정 어휘의 미세한 의미를 보강하는 일 가운데 어떤 것을 우선순위에 두어야 할까요? 둘 중에 한 가지만을 선택해야 한다면 말입니다. 굳이 두 번째 작업을 해야 한다면 번역 본문에서 설명하려고 시도하려 할 것이 아니라 필요하다면 원문은 최대한 보존하되 (지금 우리가 하고 있는 것처럼) 설명과 해설은 따로 해 주는 것이 옳다고 봅니다. 제가 종종 번역 본문에서 괄호를 사용합니다만, 그것도 원문에는 (반복이나 중복 등을 회피하기 위하여) 사용되지 않았지만 타깃 언어인 한국어에서는 문법적으로 필요한 경우에 한해 사용하고 있습니다.

JK2020: 그가 자행하는 시민권 침해를 용감하고 단호하게 반대하였다 하여 그는 반복적으로 의회를 해산하였습니다.

Thomas Jefferson: 그는 자신이 자행하는 시민권 침해를 (의회가) 용감하고 단호하게 반대하였다 하여 반복적으로 의회를 해산하였습니다.

13.

He has refused for a long time, after such dissolutions, to cause others to be elected; whereby the Legislative powers, incapable of Annihilation, have returned to the People at large for their exercise; the State remaining in the mean time exposed to all the dangers of invasion from without, and convulsions within.

KSAH: 국왕은 민의원을 이렇게 해산한 뒤 오랫동안 민의원의 선출을 허가하지 않았다. 그러나 입법권은 완전히 폐지할 수 없는 것으로, 결국 인민 일반에게 돌아와 다시 행사하게 되었지만 그동안에 식민지는 내우외환의 온갖 위험에 당면하지 않을 수 없었다.

Discussion

- 내우외환? 사전적으로는 안팎의 근심이라는 뜻입니다. 제퍼슨이 말하는 invasion from without and convulsion within은 안팎에서 겪어야 했던 어려움들이 단순한 근심이 아니라 밖으로는 외침, 안으로는 정변이라고 구체적으로 콕콕 집어서 표현하고 있는데, 이것을 막연하게⋯ 안팎의 근심이라고 뭉뚱그려 풀어놓았습니다. 안과 밖이라는 without과 within이

이것이 미국독립선언문이다

라는 문구가 나오니 기계적으로 "내우외환"으로 옮긴 것으로 추정됩니다. 원래 내우외환이란 중국 춘추전국시대에서 유래한 한자 성어로서, 우리의 언어생활에 중국의 역사와 문화가 깊이 배어 있는 증거들이라고 할 수 있습니다. 가령 높고 큰 산의 대명사로 태산을 꼽는 것도 그런 예일 것입니다. 군이 미국독립선언문의 한글판까지 중국에서 유래된 한자 성어를 사용할 필요가 있을까 생각해 봅니다.

Thomas Jefferson: 해산 이후에도 그는 오랫동안 대의원 선출을 거부하였습니다. 그럼에도 입법권은 결코 소멸될 수 없는 것이기에 전 식민지의 대중들이 행사할 수 있도록 복원되곤 하였습니다. 그런 (무정부 상태의) 와중에 이 땅은 외부로부터의 침략과 내부로부터의 정변이라는 위험에 노출될 수밖에 없었습니다.

14.

He has endeavoured to prevent the population of these States; for that purpose obstructing the Laws for Naturalization of Foreigners; refusing to pass others to encourage their migrations hither, and raising the conditions of new Appropriations of Lands.

KSAH: 국왕은 식민지의 인구를 억제하는 데에도 힘을 썼다. 이것을 위해 외국인 귀화법에 반대했고, 외국인의 이주를 장려하는 법률도 허가하지 않았으며, 토지를 새로이 취득하는 데에도 여러 가지 조건을 붙여 까다롭게 했다.

1740년에 발효되었던 The Plantation Act를 영국 정부가 1773년도에 폐지했던 사건에 관한 성토입니다. Plantation Act에 따르면 각각의 식민지는 자율적으로 이민자들을 주민으로 받아들일 수 있었던 권한을 가지고 있었으나 이 법이 폐지됨으로써 자치권이 훼손되었던 것입니다. 독립선언문은 식민지의 자치권을 억압하는 영국 정부에 대한 성토가 주된 내용이지만, 특히 이 부분은 건국의 아버지들의 이민에 대한 생각을 엿볼 수 있는 단서가 되기도 합니다. 건국의 아버지들도 대부분 영국과 인연의 끈을 가진 이민자 2세 또는 3세였고, 새로운 개척지였던 신대륙의 식민지에서 가장 절실했던 것은 그곳을 일구고 개척할 인력과 일손이었을 것입니다. 경제적 관점에서 볼 때, 한 사람 한 사람이 납세자이고 노동력이라면, 천부인권은 신대륙의 새 공화국이 더욱 많은 인력과 일손을 유입시켜야 하는 필요성과도 부합되었다고 볼 수 있습니다. 전체주의 사회에서 억압받으며 살지 말고 사람대접을 받을 수 있는 이곳으로 이주해 오라는 권고의 근거가 될 수 있다는 뜻입니다. 당시 영국은 아메리카와 함께 인도라는 또 다른 거대한 식민지를 갖고 있었습니다. 인도에서는 원주민의 노동력을 이용한 착취가 가능하였으나 아메리카 대륙에서는 영국의 납세자들이 이주하여 직접 개척과 개간을 하지만 그로 인한 왕의 수입은 (인도에 비하면) 미미하였거나 오히려 적자였을 것입니다. 아메리카는 아메리카대로 처음에는 영국인의 정체성으로 이주해 왔을지 모르지만, 세대가 흐르면서 아메리카인으로서의 새로운 정체성을 형성해 가면서 서로 다른 입장과 이해관계를 갖게 된 것이 아메리카 혁명의 근본적인 이유가 아닐까 생각됩니다. 입장과 이해관계가 다르면 사사건건 부대끼고 싸우게 되죠. 그중 첨예한 노동력에 관한 입장의 차이가 이민법을 두고 다투는 사례인 듯합니다.

Thomas Jefferson: 그는 이 땅에서 인구의 억제를 조장하였습니다. 그 목적을 위하여 외국인 귀화법 제정을 반대하는가 하면 이민자들이 이곳으로 이주하도록 장려하는 다른 법안들의 통과를 거부하였고 토지의 신규 전용 조건을 강화하였습니다.

15.

He has obstructed the Administration of Justice, by refusing his Assent to Laws for establishing Judiciary powers.

KSAH: 국왕은 사법권 수립 관련 법률을 허가하지 않음으로써 사법행정에도 반대했다

Discussion

- 사법행정? 사법행정이란 법원의 예산이나 인사 등 관료적 업무를 가리키는 용어로서, 국왕이 그러한 일들을 방해하였다면 제퍼슨이 아니라 법원의 직원들이 반발할 일입니다. 당시 노스캐롤라이나 등 여러 식민지 대의원회에서는 범죄자 재판을 위하여 법원을 설치하기 위한 법률을 통과시켰으나 법원 설치는 영국 국왕의 고유 권한이라는 이유로 거부한 일이 있었습니다. 즉, 여기서 말하는 establishing Judiciary powers는 구체적으로 법원 또는 재판소 설치를 뜻하며, 이 문장은 재판소 설치에 관한 법

률 승인을 거부하였다는 실화에 근거하고 있습니다. 그러니까 국왕이 사법행정을 방해한 것이 아니라 식민지의 자치적인 '법무 집행'을 방해했던 것입니다. 그 방해의 방법은 재판소 설치를 금지했던 것이고요. Judiciary powers는 막연한 사법권이 아니라 여러 개의 법원들을 지칭하는 것으로 여겨집니다. 이러니까 앞뒤가 딱딱 맞지요? 사법권이 아니라 법원, 사법행정이 아니라 법무 집행.

Thomas Jefferson: 그는 법원 설치에 관한 법률 승인을 거부함으로써 법무 집행을 방해했습니다.

16.

He has made Judges dependent on his Will alone, for the tenure of their offices, and the amount and payment of their salaries

KSAH: 국왕은 판사의 임기, 봉급의 액수와 지불에 관해 오로지 국왕의 뜻에만 따르도록 했다.

Discussion

- tenure of office라면 임기 또는 자리 보장을 의미하겠지요. 그리고 amount and payment of salary는 녹봉의 액수와 지급 여부를 뜻할 것입니다. 판사들에게 임기와 봉급 액수에 관해 오로지 국왕의 뜻에만 따르도록 했다? 왕이 판사들에게 있으라고 할 때까지만 있고 주는 만큼만 받으라고 강요했다는 것이 한국미국사학회의 해석인데, 도대체 생각이 있는 건지 없는

건지 모를 정도입니다. 위 문장과 마찬가지로 임기와 녹봉 액수는 그들만의 이해관계일 뿐이지 식민지의 자치와 자유에 관한 사안이 아닙니다. 제퍼슨이 거론할 이유가 1도 없는 사안입니다. 제퍼슨의 포인트는 판사들에게 자리와 월급을 미끼로 왕이 원하는 대로 판결하도록 판사들을 매수했다. 그리하여 식민지 주민들은 왕이 사주한 판결로 인하여 많은 피해를 보고 있다…라는 말을 하고 있는 것입니다. 애매한 점이 하나도 없는 문장인데 도대체 왜 그랬는지 모르겠습니다.

Thomas Jefferson: 그는 법관들에게 직위와 녹봉을 빌미로 자신의 뜻만을 따르도록 만들었습니다.

17.

He has erected a multitude of New Offices, and sent hither swarms of Officers to harrass our people, and eat out their substance.

KSAH: 국왕은 우리 인민을 괴롭히고 인민의 재산을 축내기 위해 수많은 새로운 관직을 만들고 수많은 관리를 식민지에 보냈다.

Discussion ──────────────────────────────────

반복적으로 "인민"이라는 용어를 사용하는 게 눈에 걸립니다. 공산당스러운 용어라 피해야 한다고 주장하면 바로 Red Complex라고 낙인찍히겠지요? 그리고 일단 낙인이 찍히면 투명인간 취급을 받게 됩니다. 싫어하는 것도 싫어하지 못하도록 방해하고 재갈을 물리는 책동이 분명히 존재

합니다. 그러한 기세에 주눅이 들어 표현의 자유를 포기하고 자기 검열로 타협하는 메커니즘이 있습니다. 자기중심이 없고 이념적 자신감이 없기 때문에 일어나는 현상입니다. 그 부족분을 채워 주는 묘약이 바로 독립선언문입니다. 원전의 힘이죠. 여기선 people을 굳이 "인민"이라고 옮길 필요가 없는 까닭은 "우리"만으로 충분하기 때문입니다. "우리"가 바로 "사람들"이니까요. 불필요한 자리에 굳이 이념적 뉘앙스가 강한 용어를 반복적으로 사용하는 것도 저의가 의심되는 부분이긴 합니다.

제퍼슨의 독립선언문 번역에 북조선스러운 어휘를 피해야 하는 까닭이 있습니다. 독립선언문은 전체주의에 반대하는 선언문이고, 공산주의는 왕정이 사라진 이후 새롭게 출몰한 전체주의의 변종이기 때문입니다. 독립선언문의 철학적 기초는 자연법이고 자연법이란 인간의 상식과 이성입니다. 거기에 부합되는 언어, 즉 가급적 평상어로 옮기는 것이 원문의 취지에 가장 적합한 것으로 보입니다.

이 문장은 영국 왕이 식민지의 동의 없이 세관과 군사법원을 설치했던 조치에 대한 항의인데, to-부정사를 기계적으로 해석하여 오역이 되었습니다. to + 동사 원형은 ~하기 위하여…라고 암기하였던 부작용인데, 이렇게 부사구로 해석하는 경우도 있지만 부정사를 해석하는 방법은 그것 이외에도 여러 가지가 있습니다. 문맥과 정황에 따라서 번역자가 올바른 방법을 찾아 적용해야 합니다. 왕이 아무리 못됐어도 오로지 사람들을 괴롭히기 위한 목적으로 어떤 정책을 펴는 일은 없습니다. 자신의 이익과 욕심을 채우기 위하여 정책을 펼친 결과로 사람들을 괴롭히게 되는 거지요. 이 경우 왕의 세수를 더 많이 거두기 위하여 무역법을 강화하고 밀수를 방지하기 위한 조치로 a multitude of New Offices를 설치한 것입니다.

그러다 보니 식민지 주민들을 괴롭히는 결과가 된 것이지, 괴롭히기 위하여 새로운 관청들을 설치했다고 말하는 것은 명백한 오류입니다. 이 경우는 그냥 물 흐르듯 앞에서 뒤로 해석하면 됩니다.

Thomas Jefferson: 그는 다수의 관청을 신설하고 관리들을 이곳으로 파견하여 우리들을 괴롭히며 국록을 축냈습니다.

18.

He has kept among us, in times of peace, Standing Armies without the Consent of our legislatures.

KSAH: 국왕은 평화 시에도 우리 입법기관의 동의 없이 상비군을 주둔시켰다.

Discussion

- peace는 평화가 맞는데, in times of peace는 평상시.
- Standing Army는 사전적 의미로 "상비군"이라는 뜻인데, '예비군'에 대비되는 용어입니다. 굳이 뜻을 따진다면 전시가 아닌 시기에도 유지시키는 군대를 뜻합니다. 현역군은 24시간 군인 신분인 데 비하여 예비군은 전쟁이나 비상사태 때에만 동사무소의 통지서를 받고 소집된 후 임무가 끝나면 집으로 돌아가죠. 그래서 여기서 말하는 Standing Army는 우리가 일반적으로 지칭하는 (현역) 군인 또는 정규군으로 구성된 군부대를 뜻하는 것입니다. 굳이 "상비군"이라고 사전에 나오는 대로 옮겨 줄 필요가 없는

상황입니다. 예를 들면, 영국이 상비군이 아닌 예비군을 "우리 주변에" 주둔시켰다면 제퍼슨은 문제 제기를 하지 않았을까요? 왜 우리 주변에 (예비군이든 상비군이든 간에) 군대를 주둔시키느냐? 이것을 성토한 것이고, 예비군이냐 상비군이냐 하는 것보다 더욱 크게 문제 삼은 것은 "among us"와 "without Consent"인 것입니다. 따라서 Standing Army라는 용어로 인하여 제퍼슨의 핵심 메시지가 흐려지는 효과를 피하기 위하여 "군대"로 낙찰. 그러나 그 군대가 소집되었다가 해체되기를 반복하는 '예비군'이 아니라 '상비군'이므로 그냥 주둔이 아니라 "상주"시킨 것으로, 그러니까 '상비군을 주둔시켰다'가 아니라 '군대를 상주시켰다'고 바꿔 보았습니다. 이게 말이 되는 게, 이 문장의 동사로 'keep'이 사용되었기 때문에… 계속, 쭉~ 간직한다는 의미이기 때문에 상주시킨다는 것이 정확한 뜻이겠습니다. 상비군을 상주시킨다? 이런 표현은 'redundant'하다고 하여 배격합니다. 군대를 상주시킨다. 어디에? "among us" 그런데 여기서 말하는 우리는 군인이 아니라 민간인입니다. 민간인들이 사는 동네에, 즉 민간에 군대를 의회의 동의도 없이 상주시킨다면 계엄령의 상태입니다. 경찰도 아닌 군대를 민간에 상주시켰다는 것은 아메리카 주민들을 외적으로 간주하고 있다는 뜻도 됩니다. 항의할 만한 일이죠.

- legislature는 의회를 지칭하는 표현인데 복수형이 되어 있는 것은 식민지 한 군데뿐 아니라 여러 식민지의 의회를 가리키기 때문입니다. 한두 군데에서 일어나는 일이 아니란 뜻이죠. 오늘날은 삼권분립이 당연시되기 때문에 의회 = 입법부를 동일시하는 경향이 있는데, 독립선언문은 삼권분립이 생겨나기 이전의 시대에 쓰인 문서라는 점을 감안해야 합니다. 그래서 legislature를 "입법부" 또는 "입법기관"이라고 특정하여 해석하는

것은 오류입니다. 두리뭉실하게 "의회" 또는 "대의원회"가 좋습니다.

JK2020: 그는 평시에도 우리 의회들의 동의 없이 우리 주변에 상시적으로 군대를 주둔시켰습니다.

Thomas Jefferson: 그는 평상시에도 우리 의회의 동의 없이 민간에 군대를 상주시켰습니다.

19.

He has affected to render the Military independent of and superior to the Civil power.

KSAH: 국왕은 군부를 문민의 통제에서 독립시켜 우위에 놓으려고 했다.

Discussion
___

- 군부와 문민? 뭔가가 어색하고 엉성한데 왜 그런 느낌이 드는지 한참 고심했습니다. Now I got it. 고려 시대에 무신 정권의 시대가 있었습니다. 왕이 따로 있고 그 아래 장군들이 실권을 갖고 통치했던 시대였죠. 무신의 반대말이 문신입니다. 무신이든 문신이든 공무원 관료지요. 관료는 국록으로 먹고사는 사람들이죠. 관료의 반대말은 시민입니다. 세금 내는 사람들. 대한민국 3공화국과 5공화국에 대해서는 "군부"독재 또는 군사정권이라고 표현하곤 했습니다. 그 후 김영삼 정권은 문민 정권이라고 하였습니다. 고려 시대에 무신과 달리 3공과 5공은 Military 출신이 왕, 아니 대통령이었고, 그와 연관되었던 군 출신이 국가권력을 장악했습니다. "무신"

정권과 "군부" 정권의 차이죠. 사전적 의미로 군부란 "군사에 관한 일을 총괄하여 맡아 보는 군의 수뇌부, 또는 그것을 중심으로 한 세력을 뜻하는 단어"입니다. 좀 더 엄밀하게 정의하자면 국가 내부에 있어서 군을 대표하는 세력이나 권력 집단을 지칭하며 군대를 정부나 정치권에 대비되는 세력 내지는 권력 집단으로서 강조해서 볼 때 많이 사용되는 표현입니다. 그럼 군부와 군대는? 군부를 하나의 추상적인 세력이라고 본다면 군대는 '일정한 규율과 질서를 가지고 조직된 군인의 집단'으로 주로 국가나 지역의 방위 및 전투의 수행을 목적으로 하여 구성된 무장 조직을 뜻합니다.

한국미국사학회에서는 Military를 "군부"로 해석하고 그에 상응하는 반대말로 "문민"이라는 표현을 사용했습니다. 다분히 한국 현대사를 참조한 번역인 듯합니다. 그런데… "군부" 또는 "문민"과 같은 표현은 국가 전체의 정치체제를 묘사할 때 사용하는 표현들이지 아메리카의 특정 식민지나 소도시 같은 단위에서는 사용하지 않는 말입니다. 구청장이 군인이라고 해서 군부 정치라고 하지는 않는 이치입니다. 이때 이 구청을 관리 감독하는 Military organization이 있다면 그것은 군부일까요, 군대일까요? 당연히 군대겠지요. 한국에도 보안사령부라는 군부대가 있었습니다. 각급 군부대에 파견되어 감시하는 역할이었지요. 그런 시스템이 당시 아메리카 식민지에도 존재했다고 말하는 것입니다. 즉 군대를 특정 지역에 파견하여 그 지역 관리들을 관리 감독하는 기관을 만들었다는 뜻이지요. 그렇게 군대의 관리 감독을 받는 지역 관리들이 군인이 아니라고 해서 "문민"이라고 하지 않죠. 군인의 반대말은 민간인입니다. 즉, 민간인 공무원들이겠지요.

- 군부를 문민의 통제에서 독립시켜? power를 통제라고 해석한 것인데 완전 오역이죠. 마치 군인들이 민간인들의 통제를 받고 있었는데 왕이 그 관계를 끊어 주었다는 것처럼 들립니다. 그게 아니죠. 민간 통치 체제의 통제를 받지 않는 독립적인 기관을 만들었다는 뜻이지요. 왕이 군대를 파견해서 말입니다. 그 군대가 별도의 기관이기만 한 것이 아니라 civil power보다 높은 위치에 있는… 즉, 상급 기관으로 만들어 버렸다는 뜻이죠.

이제야 이 문장의 의미를 적확히 표현할 수 있을 것 같습니다. 저의 기존 버전에서도 한국미국사학회의 "군부"에 깜빡 속았는데, 이번에 깨어났습니다. (어제 하루 쉬었던 게 도움이 되었습니다. 역시 번역은 오래 묵혀야 좋아집니다.)

군부 vs 군대 ∥ 무관 vs 문관 ∥ 군부 vs 문민 ∥ 군인 vs 민간인 ∥ 관료 vs. 시민

이상의 어휘들의 차이점을 명확히 하고 나니 이제야 정확한 번역이 되네요. 비교해 보시기 바랍니다.

JK2020: 그는 군부를 민정 권력과 별도의 기관으로 편성하여 막강한 힘을 부여하였습니다.

Thomas Jefferson: 그는 군대를 민간 권력과 독립된 상급 기관으로 편성하였습니다.

PS. 제가 예전에 어느 기관 단체에서 돈 받고 번역을 했던 적이 있었습니다. 나름 괜찮게 주는 곳이었는데 번역비가 한 단어에 25센트였습니다.

지금 이 문장을 그 번역비로 계산하면 $1.50 되겠습니다. 어제 하루 고민하고… 오늘 작성해서 1.5불 벌었습니다. 이런 시스템이기 때문에 독립선언문이 여태껏 방치되었던 것으로 보입니다. 토마스 제퍼슨 센터에서 이런 일들을 아마도 도맡아서 하게 될 것입니다. 푹 삭혀야 하는 번역 작업, 돈으로 환산할 수 없는 가치의 번역 작업들을 하게 될 것입니다. 그 작업을 위한 후원 사업까지도요. 우리가 이거 하나만 잘해도 우리 토마스 제퍼슨 센터의 엄청난 업적이 될 것입니다. 그게 우리 모두의 일입니다.

20.

He has combined with others to subject us to a jurisdiction foreign to our constitution, and unacknowledged by our laws; giving his Assent to their Acts of pretended Legislation:

KSAH: 국왕은 다른 기관과 결탁해 우리 헌정이 인정하지 않고 우리 법률이 승인하지 않는 사법권에 예속시키려 했고 식민지에 대해 입법권을 주장하는 영국 의회의 여러 법을 허가했다.

Discussion

- 여기서 "others"는 본국인 영국 의회 의원들을 뜻합니다. 본국인 영국의 의회를 Parliament라고 하지요. Parliament가 하는 일은 법을 만드는 일입니다. 그 법을 왕이 승인하는 시스템이죠. 이 시스템을 묘사한 구절이 giving his Assent to their Acts of pretended Legislation입니다. 여기서 his는 왕, their는 의원들을 가리키죠. 왕이 하는 일은 Assent, 의회

의 의원들이 하는 일은 Acts of Legislation. 그 의원들이 만든 법안이 제퍼슨과 식민지의 관점에서 봤을 때는 법 같지도 않은 법이라고 여겨지기에 pretended Legislation이라고 표현한 것입니다. 그러니까 왕과 의원들이 그런 법 같지도 않은 법들을 짜고 치는 고스톱처럼 야합하여 만들었고, 그 목적은 그 엉터리 같은 사법 체계에 식민지인들을 예속시키기 위한 것이었습니다. 그래서 문장의 맨 앞에 왕과 "다른 자들"이 붙어먹었다(combine)라고 비난할 때에 "다른 자들"은 바로 영국 의회의 의원들이 되는 것입니다. 식민지의 대의원들이 아니라 본국의 의원들이라는 것이 중요합니다. 그들의 법체계jurisdiction는 우리들에게 또는 우리들의 헌법 질서(constitution)와는 이질적인(foreign), 그래서 "우리의," 즉 식민지의 법체계로는 인정할 수 없는 성질인 것입니다. 그럼 무엇이 our constitution이고 our laws인가? 그것은 이 독립선언문의 서문에서 밝혔던 원칙들, 즉 principle of consent를 가리킵니다. 우리의 동의가 없는 법을 우리에게 시행하지 말라는 것이고, 우리의 동의는 우리가 선출한 대표를 통하여 표출할 수 있다는 것입니다. 그런데 영국 왕은 본국의 의회인 Parliament에 식민지를 대표하는 의원의 진출을 허락하지 않았으므로 결국 영국 의회에서 만든 법률은 식민지에 관한 법률이라 할지라도 남의 나라 법(foreign)이나 마찬가지다…라는 뜻입니다. 이러한 메시지를 아주 간결하게 슬로건으로 만든 것이 "No Taxation without Representation(대표 없이 납세 없다)!"입니다. 돌이켜 보면 영국 왕이 의회에 식민지 아메리카를 위한 의석만 몇 자리 배정했더라도 이렇게 아메리카 대륙을 통째로 잃는 일은 없지 않았을까 생각됩니다.

독립선언문을 해독하는 데 어려운 점들 가운데 하나가 대명사의 주인을 찾는 일입니다. 여기서도 맨 앞의 others가 뭘 의미하는지 한참 고심했습니다. 다행히 여러 자료를 리서치하여 그것이 Parliament의 의원들을 가리킨다는 사실을 알게 되었고 그것을 기초로 위에 설명한 것처럼 이리 저리 꿰어 맞춰 보니 여러 정황과 맥락이 딱 맞아떨어지기에 이것이 바른 번역이라는 확신을 갖게 되었습니다. 그래서 이번 문장도 성공!

JK2020: 그는 제삼자들과 야합하여 우리의 헌법에 위배되며 우리의 법체계로는 인정할 수 없는 사법 체계에 우리를 예속시키기 위하여 터무니없는 법들을 만들어 승인하였습니다.

Thomas Jefferson: 그는 본국의 의원들과 야합하여 우리의 헌법과 이질적이고 우리의 법체계로는 용납할 수 없는 사법 체계에 우리를 예속시켰습니다. 그들이 만든 터무니없는 법들을 승인했던 것입니다.

※ 20a ~ 20i

지금부터 For로 시작되는 9개의 Line이 등장합니다. 편의상 20a ~ 20i로 표시합니다. 이 9개의 엔트리는 주어 + 동사 형식의 온전한 문장이 아니라 구Phrase입니다. 주어와 동사로 구성되어 있지 않은 두 개 이상의 단어들이 문장 속에서 하나의 품사적 기능을 하는 unit을 구라고 하는데요, 그 의미와 역할에 따라 명사나 형용사나 부사의 역할을 하지요. 여기서는 모두 For로 시작하는 형용사구. 형용사는 명사를 수식하는 역할을 하는데, 이렇게 9개나 된다는 것은 수식을 당하고 있는 명사가 9번이나 수식을 당하고 있다는 뜻이겠죠. 수식 당할 내용이 너무 많아서… and와 and로 연결하면 너무 길어지고 이해하기가 어려우니까 그 9개의 형용사구를

colon으로 끊어 주어서 시각적으로 구분을 쉽게 했고… 그래도 마침표는 아니니까 여전히 한 문장이라는, 그런 주장을 제퍼슨은 하고 있습니다.

그럼 도대체 위 문장에서 어떤 명사가 9개씩이나 되는 형용사구의 시중을 받고 있는가? 바로 "그들이 만든 터무니없는 법들"입니다. 도대체 그게 뭔데 법 같지도 않은 터무니없는 법들일까요? 터무니없다 주장만 할 게 아니라 예를 들어 주어야 설득이 되겠지요? 그래서 지금부터는 그런 말도 안 되는 법들이 어떤 것들이 있었는지를 나열하기 시작합니다.

법은 법인데, 무슨 법? 그 예를 9가지를 들었다는 것입니다. 식민지의 의사에 반하여 영국 의회가 만들어 국왕이 승인한 터무니없는 법 9가지.

20a, 20b, 20c는 1773년 12월에 일어났던 Boston Tea Party 사건에 대한 대응으로 영국 의회에서 통과된 일련의 징벌법을 고발하고 있습니다. Quartering Act, Administration of Justice Act, Boston Port Act, Massachusetts Government Act, 그리고 Quebec Act가 그것들입니다.

Quartering Act는 주둔군을 위한 숙사(宿舍)를 강제적으로 할당했으며, Administration of Justice Act는 식민지에서 영국군이 임무 수행 중 저지른 범죄에 대한 재판을 영국이나 다른 식민지에서 받을 수 있도록 규정한 법입니다. 일종의 치외법권과 같은 특혜였죠. Boston Port Act는 보스턴 티파티 사건 이후 1774년 6월부터 영국 정부가 해군을 동원하여 보스턴 항을 봉쇄하여 어떠한 상선도 무역을 할 수 없도록 만들었던 조치였습니다. 무역업으로 먹고살던 보스턴 주민들에 대한 경제제재였습니다. Massachussetts Government Act는 왕의 허가 없이는 주민들이 타운 회의를 열지 못하도록 금지했던 조치였습니다. Quebec Act는 당시 영국의 식민지였던 (캐나다가 생겨나기 전입니다.) 퀘벡에서 가톨릭교회에 영국 정부가 세금 지원을 함으로써 가톨릭교도가 많은 이 지역을 왕에게 충성하는 지역으로 만들고 이 법을 당시에는 빈 땅이었던 오늘날 미중서부에 이르는 지역까지 확대 선포함으로써 이곳에 들어오게 될 개척민들이 자치 정부를 설립할 기회를 차단하였습니다. 이상의 법률을 통칭하여 영국에서는 "The Coercive Acts"라고 불렀고 아메리카인들은 "The Intolerable Acts"라고 불렀습니다. 이상의 간략한 배경 지식을 갖고 각 문항을 검토해 보겠습니다.

20a

For Quartering large bodies of armed troops among us:

Discussion

- among us는 앞에서도 "우리 주변에"보다는 "민간에"가 더 명확한 느낌을 주기에 여기서도 한 번 더 사용합니다.

KSAH: 즉, 대규모의 군대를 우리 사이에 주둔시키고
JK2020: 우리 근처에 대규모 무장 병력을 숙영시키는 법
Thomas Jefferson: 대규모 무장 병력을 민간에 숙영시키는 법:

20b

For protecting them, by a mock Trial, from punishment for any Murders which they should commit on the Inhabitants of these States:

- them은 영국군들입니다.

- any Murders which they should commit는 should로 인하여 실제로 일어났던 살인이 아니라 일어날 수도 있는 살인을 뜻합니다. 그렇다고 일어나지 않았었다는 것이 아니고요…. 법조문이기 때문에 가상된 현실에 관한 기술이라고 이해하면 됩니다.

- these States: 이 법은 13개 식민지 모두에 적용된 법으로써, 굳이 번역하자면 "이들 나라들"이라고 해야 하는데, 그렇게 옮기면 제퍼슨과 관계없는 남의 나라 얘기처럼 들릴 수 있기에 독립선언문에 여러 번 등장하는 these states라는 표현은 편의상 (역자의 재량에 의하여) "이 땅"이라고 옮겼습니다. 여러 개의 독립된 행정단위이지만 같은 아메리카라는 공동의 지역적 기반과 공동 운명체라는 느낌을 전달하고자 하였습니다. 당시 시각으로는 독립을 선언한 입장이기 때문에 (국제사회의 인정은 받지 못했다 하더라도) 이제 식민지임을 부정한 상태이니 state라고 칭해야 했지만 이것들을 13개의 개별 국가인 것처럼 복수형으로 칭할 경우 영국에 대항하는 단일대오로서의 느낌이 살지 않기 때문에 영국에 대항하는 열세 개의 나라들이 공존하는 거대한 땅, 거기에 우리의 것이라는 정체성의 느낌까지 부여하여 "이 땅"이라고 옮기는 것이 제퍼슨의 느낌을 가장 잘 살리는 것이라고 여겨져 원문에도 없는 말을 만들어 옮겨 보았습니다. 맘에 드시나요?

KSAH: 군대가 우리 주민을 살해해도 기만적 재판을 해서 이들이 처벌받지 않도록 하고

JK2020: 그들이 이 땅의 주민들을 살해해도 처벌받지 않도록 사기 재판에 의해 그들을 보호하는 법

Thomas Jefferson: 그들이 이 땅의 주민들을 살해해도 처벌받지 않도록 부당 재판으로 그들을 비호하는 법:

20c

For cutting off our Trade with all parts of the world:

Discussion ────────────────────────────────────

항구를 봉쇄하였으니 당연히 교역이 중단되었겠죠.

KSAH: 우리와 전 세계의 무역을 차단하고

Thomas Jefferson: 우리와 전 세계의 교역을 차단하는 법:

20d

For imposing Taxes on us without our Consent:

Discussion ────────────────────────────────────

천부인권의 바탕은 존중과 배려 그리고 자발성입니다. 그것이 정치에 적용될 때 the consent of the governed, 즉 시민의 동의에 의한 통치인 자유민주주의가 되는 것입니다. 세금도 당연히 "우리"의 동의를 거친 후 부과를 해야 하겠지요. 자유민주주의와 전체주의의 갈림길이 바로 시민의 동의에 있는 것입니다. 혁명이 시작되기 전 아메리카에서 아메리카인들

의 동의를 거치지 않은 여러 가지 조세제도가 있었습니다. 1765년에 시행되었던 인지세법Stamp Act은 아메리카 식민지에서 발행되는 모든 신문, 팸플릿 등의 출판물, 법적으로 유효한 모든 증명서와 허가증 그리고 심지어는 트럼프 카드와 주사위까지도 인지를 부착할 것을 의무화한 법이었습니다. 너무나도 유명한 캐치프레이즈인 James Otis의 "No taxation without representation"도 부당한 인지세에 대한 반응이었습니다. 1767년에 영국 의회를 통과했던 타운센드법Townsend Acts 역시 식민지에 대한 권력 남용으로 여겨지는 법안으로서 영국에서 제조되어 아메리카로 수입되는 도자기, 유리, 납, 종이 그리고 차 등에 대하여 관세를 부과하였습니다. 이에 대한 저항이 거세어 영국 정부는 차를 제외한 다른 물품에 대한 조세를 철회하였으나 이마저 불응하여 일어난 저항이 바로 그 유명한 1773년의 보스턴 티파티 사건 Boston Tea Party(1773)입니다. 아메리카 혁명전쟁의 도화선이 되었죠. 많은 역사적 사건과 갈등의 표면에는 정치와 종교 등의 명분이 있지만 그 근본에는 존재하는 경제적 이해관계도 빼놓을 수 없는 요인입니다. 이렇게 아메리카 혁명은 전쟁으로 가는 삼박자가 절묘하게 맞아떨어졌다고나 할까요.

KSAH: 우리의 동의 없이 세금을 부과하고

Thomas Jefferson: 우리의 동의 없이 우리에게 세금을 부과하는 법:

20e

For depriving us in many cases, of the benefits of Trial by Jury:

1764년에 영국 의회에서 The American Revenue Act of 1764라는 법률이 통과되었습니다. 아메리카로 수입되는 설탕과 당밀에 관세를 부과하는 법으로써, 통칭 설탕법(Sugar Act)이라고도 불리는 법입니다. 이 법은 군사법원에 시행을 맡기게 되었고, 그 이후 영국 정부는 이 법을 실행하는 군사법원의 숫자를 크게 늘렸는데, 이들 법원은 배심원 없이 속행되었다고 합니다. 배심원은 정부의 관료가 아닌 민간인으로 구성되었기 때문에 배심원이 배제된 재판에 대하여 아메리카 식민지인들은 정부의 권력 남용으로부터 보호받지 못한다고 여겼던 것입니다.

KSAH: 수많은 사건에서 배심재판을 받는 혜택을 박탈하고

JK2020: 많은 사건에 있어서 재판에서 배심원을 금지하는 법.

Thomas Jefferson: 많은 사건에서 우리의 배심재판 혜택을 박탈하는 법:

20f

For transporting us beyond Seas to be tried for pretended offences

KSAH: 허구적인 범죄를 재판하기 위해 우리를 본국으로 소환하고

- 허구적 범죄? pretended의 정확한 의미는 'not genuine' 또는 'assumed'라는 뜻입니다. 한편 우리가 '소설은 허구다'라고 말할 때는 fact가 아닌 imagination에 의거한 스토리라는 뜻입니다. 범죄가 허구다? 범죄소설

인가? 범죄소설이라고 하면 흥미진진하다는 특징인데, 여기서 말하는 pretended offences는 부당함, 억울함을 토로하는 표현이죠. 즉, 누명이죠.

- 본국? 본국은 Home country를 뜻합니다. 영국과의 정치적 결별을 선언하는 문서에서, 만일 토마스 제퍼슨이 한국어 사용자였다면, 과연 영국을 본국이라고 불렀을까? 제퍼슨을 비롯한 건국의 아버지들은 대부분 윗세대에서 이주하여 아메리카에서 태어났습니다. 더욱이 이 문장에선 home country라는 뉘앙스라도 갖는 표현도 없고… 군이 꼽는다면 beyond Seas 뿐인데, 그것이 "본국"으로 둔갑해 있습니다. 없는 말 만들지 말고 '바다 건너'를 살려서 제퍼슨의 뜻을 자연스러운 한국어인 것처럼 옮길 수 있다면 그게 제일 좋겠습니다.

당시에는 이렇게 특정 죄목으로 기소된 아메리카인들을 바다 건너 영국의 법정에 세우는 일들이 있었습니다. 뱃길로 수개월씩 걸리는 여정이고, 재판이 하루 이틀에 끝나는 것도 아니니, 여행 비용은 영국 정부가 부담한다 하더라도 그 기나긴 기간 동안 피고는 그의 "본국"인 아메리카에서 직업적으로 파산을 하게 되는 경우가 많았습니다. 보스턴 티파티 사건에 대한 대책 마련을 위해 소집되었던 제1차 대륙회의에서도 이러한 케이스를 심각하게 여겨 이 같은 조치를 반대하는 성명을 발표하기도 했습니다.

Thomas Jefferson: 누명을 씌우고 재판에 회부하여 바다 건너로 이송시키는 법:

※ 20g & 20h

20a~20c에서 설명드렸던 Intolerable Acts에 대한 비판이 여기서도 다시 이어집니다. Intolerable Acts에 포함되는 Quebec Act와 Massachusetts Act 관련 내용입니다. 살펴보겠습니다.

20g

For abolishing the free System of English Laws in a neighbouring Province, establishing therein an Arbitrary government, and enlarging its Boundaries so as to render it at once an example and fit instrument for introducing the same absolute rule into these Colonies:

KSAH: 우리와 인접한 식민지에서 영국의 자유로운 법률제도를 철폐하고 전제적 정부를 수립한 뒤 다시 그 영역을 넓혀 그 정부를 모범으로 삼아 이 식민지에도 동일한 절대적 통치를 도입하려고 하고,

Discussion

Intolerable Acts 가운데 Quebec Act로 인해서 벌어진 일입니다. 쉽게 말하면 무주공산에 괴뢰정부 알박기입니다. 영국 정부는 퀘벡의 가톨릭 교도들에게 가톨릭 성직자들을 지원하는 세금을 부과하였습니다. 영국에 협조적이던 가톨릭의 환심을 얻음으로써 캐나다에서 공화정 정부를 철폐했던 영국 정부에 대한 지역 주민들의 반발을 예방하기 위한 조치였습니다. 이렇게 이 지역에 왕정 친화적인 지역 정부를 수립한 후 남으로 진출하여 오늘날의 오하이오, 인디애나, 일리노이, 미시건, 위스콘신 그리고

미네소타의 일부 지역까지 그 영토를 확장하였습니다. 영국에 순응하는 가톨릭인들을 이 지역에 거주시켜 (말 안 듣는) 식민지 자치 정부 스타일의 자치 정부가 기존 13개 영국 식민지의 서부 지역에 들어서지 못하도록 사전에 차단하려는 의도였습니다.

- "a neighboring Province"는 Quebec을 가리킵니다. 그 당시에는 미국과 캐나다가 별개로 존재하지 않았고 두 지역 모두 영국령이었기 때문에 제퍼슨의 입장에서 봤을 때는 인근 지역이라고 말할 수 있습니다. 비록 식민지라 하더라도 영국인들이 이주하여 건설한 식민지이고 따라서 그 지역의 통치 역시 본국인 영국의 법체계를 적용해야 한다고 생각하는 것이 식민지인들의 입장이었습니다. 그렇지 않으면 부당한 차별이죠. 아메리카 대륙에서의 전쟁과 각종 통치에 소요된 비용을 뽑아내야 하는 영국의 입장에서는 본국의 시민과 동등한 대우를 해서는 아무래도 소기의 목적을 달성할 수 없기에 식민지에서 여러 가지 무리수를 사용하였던 것이 갈등으로 쌓이고 쌓여 전쟁으로 폭발한 것이 아메리카 혁명입니다.

- 여기서 제퍼슨이 말하는 영국의 무리수는 "Arbitrary government"입니다. 이 문장의 핵심 용어죠. 그런데 Arbitrary government가 전제적 정부? 정확히 말하면 영국의 전제적 정부가 퀘벡에 세운 정부를 뜻합니다. 다시 말하면, 그 정부는 자체가 전제적 정부가 아니라 영국이라는 전제 정부의 통제를 받는 퀘벡 정부를 뜻합니다. 따라서 시민의 입장에선 전제적 정부이지만 영국의 입장에선 말 잘 듣는 정부겠지요. 이 두 가지 특징이 한 마디로 압축한 표현을 "괴뢰정부"라고 보았습니다. 독재자의 꼭두각시 정부.

- 모범으로 삼아? 모범은 바람직하며 본받아야 할 사례라는 뜻이지요. 여

기서는 이 꼭두각시 정부의 예를 보여 주며 다른 지역에서도 적용하겠다는 뜻으로서, 모범이 아니라 그냥 사례.

KSAH는 fit instrument를 해석하지 않았네요. 안성맞춤의 도구라는 표현입니다. 관련 구절을 함께 볼까요? render it at once an example and fit instrument에서 it은 Arbitrary government입니다. at once는 한방에, 일거에, 일석이조 등의 뜻입니다. 그러니까… render의 의미상 주어라고 추정할 수 있는 The Quebec Act는 괴뢰정부에 한 번에 두 가지를 render하고 있습니다. 즉, example과 fit instrument. 그러니까 괴뢰정부는 식민지에 독재정치를 도입하는 사례도 되면서 안성맞춤의 도구도 될 수 있는 일석이조의 메커니즘이라는 점을 폭로하고 있는 것입니다.

JK2020: 인접 지역에 괴뢰정부를 세우고 그 구역을 확대하여 거기서 행해지는 절대 통치를 우리 식민지들에게 시범적으로 도입시키기 위한 도구로 활용함으로써 (이 땅에서) 본국의 자유로운 법률 체계를 철폐하는 법.

Thomas Jefferson: 인접 지역에 괴뢰정부를 세우고 그 구역을 확대하여, 그것이 우리들의 식민지에서도 (그와) 동일한 절대 통치를 도입하려는 선례이자 도구로 활용되도록 함으로써 (이 땅에서) 영국식의 자유로운 법률 체계를 철폐하는 법:

PS. **JK2020**에서 저의 엄청난 오역이 있었습니다. 뜻은 대동소이하지만 구문을 정확히 이해하지 못하여 만들어진 오역입니다. 작년에 안 보이던 구문이 올해는 보이네요. 제퍼슨의 독립선언문, 모든 문장이 정말이지, 거를 타선이 없습니다.

20h

For taking away our Charters, abolishing our most valuable Laws, and altering fundamentally the Forms of our Governments:

KSAH: 우리의 특허장을 박탈하고 우리의 귀중한 법률을 철폐하고, 우리의 정부 형태를 변경하고

<hr>

Discussion

　Intolerable Acts 가운데 Massachusetts Government Act를 비판하고 있습니다. 아메리카를 영국의 식민지였다고 하지만 "식민지"에도 여러 종류가 있습니다. 유럽 제국들이 무력으로 원주민을 제압하고 오로지 착취의 대상으로 만들어진 식민지가 있습니다. 대표적인 예가 아프리카나 인도 등이지요. 아메리카 식민지는 시작부터 완전 다릅니다. 가령 청교도의 플리머스 식민지 Plymouth Colony의 경우 영국 정부와 관계없이, 아니 영국으로부터 탈출하여 세운 타운이죠. 비록 작은 마을이었고, 주민들은 영국인들이었으나 영국의 식민지는 아니었습니다. 영국의 식민지라고 하면 영국 정부가 개입이 되어 있어야 하는데, 그렇다고 아프리카나 인도처럼 영국의 군사력을 아메리카에 보내서 점령하고 정복했던 형식이 아니라 이주민들이 자력으로 오지에 가서 생존하여 정착한 케이스입니다. 당연히 시작부터 자치일 수밖에 없지요. 이것은 아메리카 식민지의 특수한 케이스이긴 하지만 그 이후 영주 또는 회사에게 국왕이 아메리카에 가서 알아서 잘 개척해서 살아 보라고 하면서 "Charter 특허장"이라는 것을 만들어 준 경우들이 있습니다. 어차피 왕이 군대를 파견해서 정복하고 개

척할 의도가 없으니 서류 한 장 가지고 인심 쓰는 것입니다. 거기에는 그곳에서 사는 사람들끼리 정부를 구성하여 알아서 먹고살라는, 다시 말해서, 자치권을 인정했던 것입니다. 다만, 한 지역에 여러 개의 특허장을 발행하여 분란을 일으키지는 않았습니다. 그렇게 1600년대 초중반부터 특허장을 통해 자치를 인정하며 본국과 식민지의 관계를 이어 오다가 새로운 세금을 부과하고, 총독을 파견하고, 급기야는 식민지의 자치권을 보장하였던 그 특허장마저도 무효화하겠다고 한다면 식민지 주민들은 당연히 반발을 하겠지요. 아메리카 혁명 이전에 영국의 의회와 국왕은 식민지에 대하여 이러한 부담과 압박을 지속적으로 주었는데, 그 가운데 하나가 Massachusetts Government Act입니다.

이 법에 따르면, 대의원 선출이 주민에 의한 선출이 아닌 국왕에 의한 임명제로 변경되었고 공직자 선발 역시 국왕이 파견한 총독이 임명하도록 개정되었습니다. 심지어는, Town Meeting이라는 주민 회의도 금지하였고 국왕의 사전 서면 승인에 의해서만 개최가 허용되도록 하였습니다. 좀 심했죠? 이러한 일련의 조치는 보스턴 티파티 사건 이후 범인 색출에 실패한 영국 정부가 이와 유사한 사건의 재발을 방지하기 위해 마련한 고육지책으로 여겨지는데, 그 결과가 독립선언과 아메리카 혁명이었던 것입니다. 이 과정을 지금의 시각에서 복기해 보면 영국은 아메리카를 식민지로 유지시키기 위하여 해서는 안 되는 일들만 골라서 했던 게 아닌가 하는 생각이 듭니다. 마치 조선이 멸망했던 것처럼 말입니다.

Thomas Jefferson: 우리의 특허장을 박탈하고 우리의 가장 소중한 법률들은 철폐하며 우리 정부의 형태를 근본적으로 변경하는 법:

20i

For suspending our own Legislatures, and declaring themselves invested with power to legislate for us in all cases whatsoever.

KSAH: 우리 입법기관의 기능을 정지시키고, 어떠한 경우든 우리를 대신해 법률을 제정할 수 있는 권한이 있다고 선언하는, 이러한 법률을 허가한 것이다.

Discussion

영국 의회가 1766년과 1767년에 각각 통과시켰던 Declaratory Act와 Suspending Act에 관한 고발입니다. Quartering Act라고 있었죠? 영국군을 민간에 주둔시키며 그 비용을 식민지에 부담시킨 법입니다. 뉴욕에서 그 재원을 마련하지 못했다 하여 그에 대한 제재 조치로써, 뉴욕주 의회의 업무를 중단시키기 위해 만든 법이 Suspending Act입니다. 악법이 꼬리에 꼬리를 물고 새로운 악법을 낳는 형국입니다.

Stamp Act라고 있었죠? 상상할 수 있는 모든 공식 문서에 영국 정부가 발행한 우표딱지 같은 인지 부착을 의무화한 법입니다. 신문, 소책자, 면허증, 각종 법률 문서, 그리고 심지어는 카드나 주사위에도 부과되었다고 합니다. 동학혁명도 이런 혹세무민에서 비롯되었죠? 아메리카 식민지에서도 이런 과도한 '삥뜯기'에 분노하여 광범위한 반발이 있었습니다. 반발은 영국 정부가 감당하기 힘들 정도로 거세었는지, 이듬해에 이 법은 철폐되었고, 영국 의회는 인지세법 철폐에 즈음하여 새로운 법을 통과시켰는데, 그 법이 바로 Declaratory Act입니다. 이 법에서 영국 의회는 (비록

인지세법은 철폐하지만) 향후 아메리카 식민지에 관한 모든 입법 권한은 어떠한 경우에도 영국 의회에 있다고 선언을 하게 됩니다. 체면치레이자 뒤끝 작렬이죠. 결과적으로 독립선언을 위한 훌륭한 명분을 제공한 셈이 되었습니다.

여기서 앞부분인 7번 문장을 소환해 보겠습니다. "let Facts be submitted to a candid world" 사실을 정직한 세상에 제출하는 바입니다…라는 뜻이 지요. 핵심 단어는 Facts와 candid입니다. 그 자체로 있었던 일… 그것을 사실이라고 하지요. candid는 정직하기는 하지만 honest와는 약간 성격이 다른 정직입니다. 성품 자체가 편견이 없고 불편부당한 상태를 candid라고 하는 반면에 honest는 거짓되지 않으려는 의식을 통한 정직입니다. 그러니까 너 거짓말하지 마! 할 때는 Be honest!라고 해야지, Be candid!라고 하면 안 되겠죠? candid world는 사심 없는 제삼자로서, 자연법에 입각한 상식과 이성의 눈을 가진, 그런 세상, 그런 사람들을 말합니다. 그런 사람들이 누구인가? 바로 독립선언문의 청중이자 독자들입니다. 그들이 바로 편견 없는 판사입니다. 있는 그대로의 사실을 말할 테니 듣고 판단해 달라는 요청인 것입니다. 그래서 독립선언문의 모든 문장들은 사실에 입각하고 있습니다. 그 문장들이 어떤 사실에 근거하고 있는지를 복원해 내는 것이 지금 우리가 하고 있는 일입니다. 일종의 고고학이랄까?

팩트와 불편부당함, 이것은 우리가 오늘날에도 세상을 바라볼 때 적용해야 할 영원한 진리인 듯합니다. 팩트의 열거가 아직 남았지만, 생각보다 길어진 For series를 마치며 한 말씀 올립니다.

Thomas Jefferson: 우리 의회들의 기능을 정지시키고 우리에 관한 법 제정

은 어떤 경우에도 자신들의 권한이라고 선언하는 법:

※ 독립선언문 해설을 쓰면서, 많은 분들께서 따분하고 재미없어 하시지 않을까 생각해 보았습니다. 헌데, 우리가 만난 까닭이 독립선언문이고, 독립선언문이 우리 모임의 근본이니까 이 작업은 우리 모임의 숙명이 아닐까 하는 생각입니다. 우리가 앞으로 해야 할 일이 독립선언문을 낭독하고 그 뜻을 널리 알리고 가르치는 일이니까, 우리가 먼저 철저히 공부하고 훈련하는 것이 세상에 대한 도리decent respect라는 생각입니다.

번역자의 입장에서 저의 기존 번역이 조금이나마 업그레이드되고 있다는 점에서 다행이라고 생각됩니다. 사실은 정성을 들일 만큼 들였던 것이라 나름 괜찮은 텍스트였다고 내심 자부하고 있었는데, 다시 한 문장씩 여러분들과 차근차근 들여다보니 미진했던 부분이 드러나서, 솔직히 말씀드리면, 당황도 되고 부끄럽기도 했습니다. 그러나 지금쯤 되니까… 차라리 다행이다… 싶습니다. 한 단계 더 원문에 충실한 동시에 우리말에 더 부합되는 독립선언문으로 거듭날 수 있도록 끝까지 완주하겠습니다. 아침마다 기도하는 마음으로 작업하고 있습니다. 이것 때문인지는 모르겠지만 요즘 살이 좀 빠졌습니다. 혼자라면 벌써 나가떨어졌을지도 모르는데, 그래도 매일 읽어 주시는 여러분들 덕분에 이제 끝이 보이기 시작합니다.

독립선언문은 미국에서도 중요한 문서이지만 대한민국과 대한민국 국민들에게도 굉장히 중요한 문서입니다. 자유민주주의 대한민국의 실질적 정체성이 여기에 담겨 있습니다. 오늘날 대한민국의 만악의 근원은 우리의 국체인 자유민주주의의 본질과 정체성을 인지하지 못한다는 데에 있습니다. 그래서 전체주의에 쉽게 미혹됩니다.

독립선언문은 자연법에 근거한 진리입니다. 그 진리는 만민평등, 천부인권, 주권재민입니다. 그것이 진리이고 그래서 자유민주주의는 자연법에 의거한 진리인 것입니다. 전체주의자들은 이러한 진리를 "이념"이라 폄훼하고 상대화하여 그 가치를 훼손시킵니다. 궤변과 요설로 세상을 흔드는 것은 그들의 특기입니다. 진리를 모르면, 본질과 정체성을 이해하지 못하고 있으면, 속아 넘어가는 것은 당연한 일입니다. 궤변과 요설과 선동을 꿰뚫어 볼 수 있는 힘이 이 문서 안에 있습니다. 만악을 치료할 묘약입니다. 저 스스로 공부하며 느낀 바입니다.

비록 길고 따분하지만 우리는 지금 소중한 시간을 보내고 있습니다. 우리들의 제2차 대륙회의에서 우리는 보다 많은 사람들에게 이 진리를 널리 알리기 위하여 우리가 먼저 공부하자는 결의를 했던 적이 있습니다. 그 후로… 저도 (본의 아니게) 잠적하여 열심히 글만 올리고 있습니다. 환웅도 단군을 낳기 전 마늘과 쑥만 먹으며 동굴에서 지냈고 예수님도 세상에 나가시기 전에 광야에서 기도를 하셨고 부처님도 성도를 하기 전 보리수나무 아래에서 정진을 하셨습니다. 우리가 큰일을 해 나가기 전에 정중동의 시간을 갖는 것은 지금 돌이켜 생각하면 반드시 필요한 일이 아닌가 싶습니다. 그래서 우린 순항하고 있다고 생각합니다.

이 시리즈를 마치면 의미 있는 곳에서 자축의 파티를 열었으면 합니다. 앞으로 얼마 안 남았으니 대미를 어떻게 장식할지 생각할 시점인 듯합니다. 여러분들의 의견을 수렴하여 다 같이 뜻깊은 쫑파티를 가졌으면 합니다. 여러분들의 생각은 어떠신지요?

21.

He has abdicated Government here, by declaring us out of his Protection and waging War against us.

KSAH: 국왕은 우리를 자신의 보호 밖에 둔다고 선언하고, 우리와 전쟁을 벌임으로써 식민지 통치를 포기했다.

Discussion

1774년부터 영국 왕은 공식 석상에서 아메리카가 거의 반란 상태에 있음을 언급하며 의회에 반란 진압을 위해 노력할 것을 다짐하였습니다. 그리고 1775년 2월 국왕은 평의회에 아메리카 식민지는 공개적인 반란 상태임을 선포하였고 1776년 2월 27일 식민지는 왕의 보호에서 벗어났음을 선언하는 의회의 법안을 승인하였습니다. 공개적 반란 상태로 왕의 보호에서 벗어났다는 것은 파병과 진압, 즉, 전쟁을 불사하겠다는 선언인 것입니다. 실제로 왕은 그를 대행하는 식민지 총독들에게 야만적인 조치를 허가하기도 하였습니다.

여기서 다시 독립선언문의 두 번째 문장, 즉, 자연법의 자명한 진리들을 소환해 봅니다.

"이와 같은 권리들 (즉, 천부인권)을 담보하기 위하여 인간 사회에 정부가 구성되었으며, 그 정부의 정당한 권력은 시민의 동의로부터 발생하는 것입니다. 어떠한 정부라도 이러한 목표에 해악이 된다면 그것을 개혁하거나 타파하고 새로운 정부를 수립하여, 그러한 원칙 위에 (그 정부의) 기초를 두고, 그들에게 있어서 가장 충실히 그들의 안전과 행복을 구현할 수 있는 것으로 보이는 형태로 (그 정부의) 권력을 조직하는 일은 바로 시민의 권리인 것입니다."

서문의 이 원칙을 염두에 두고 식민지에 대한 왕의 태도를 비교해 보겠습니다. 시민을 반란자들로 바라보는 국왕. 군대를 파병하여 전쟁도 불사하는 국왕. 그런 국왕의 정부에 대하여 아메리카 식민지는 어떻게 행동해야 할 것인지 답이 나오고 있습니다. 앞서 말했듯이 "가볍고 일시적인" 이유들이라면 인내로써 참고 넘어갈 수도 있겠지만 시민들을 폭도로 여기고 무력으로 진압을 할 지경이라면 천부인권인 생명의 권리, 아니 생명 자체가 위태로운 현실이 된 것입니다.

한편 국왕의 강경 대응으로 인하여 아메리카 식민지에 파견된 총독과 관료들은 아메리카인들의 원성과 항의를 몸소 접하며 신변의 위협을 느껴 근무지를 이탈하여 도주하는 사태가 속출하게 됩니다. 버지니아 총독 던모어 경, 뉴욕 총독 트리온, 노스캐롤라이나 총독 마틴, 사우스캐롤라이나 총독 윌리엄 캠벨 등이 옥새를 갖고 배를 타고 도주했으며, 국왕은 해군 제독 Peter Parker와 Henry Clinton에게 명하여 사우스캐롤라이나 찰스턴을 포위하도록 하는 등, 실질적으로 통치를 포기하고 전쟁을 수행했던 것입니다.

이런 일들이 발생한 것은 독립선언문이 발표되기 이전인 1775년에서 1776년입니다. 아메리카 혁명을 알리는 최초의 총성이 1775년 4월 19일 매사추세츠의 렉싱턴에서 울렸지만, 그것은 지역 민병대와 영국군 간의 싸움이었지, 13개 식민지의 연합인 대륙회의가 관여한 싸움이 아니었습니다. 대륙회의 차원의 전투와 전쟁은 독립선언문 발표 이후라고 봐야 하겠지요. 그러니까 독립선언문은 아메리카 식민지의 무정부상태 그리고 왕의 전쟁 도발에 대한 13개 식민지의 단합된 공식 대응이자 결의문인 것입니다. 전쟁은 이미 벌어졌고, 전쟁이 시작된 지 한참 만에 전쟁의 한쪽 상대가 대오를 형성하여 전쟁에 임하겠다는 메시지를 발표한 셈입니다.

Thomas Jefferson: 그는 이곳의 정부를 팽개치고, 우리가 그의 보호 대상이 아님을 천명하며 우리와의 전쟁에 돌입했습니다.

22.

He has plundered our seas, ravaged our Coasts, burnt our towns, and destroyed the lives of our people.

Discussion

Navigation Act라는 법이 있었습니다. 식민지에서 영국 정부의 이윤을 창출하기 위하여 만들어진 법인데, 영국 정부는 일부 수입 상품에 대하여 오로지 영국의 상선만을 이용하도록 규정하였고 영국 상선의 선장에게 세관 관리의 권한을 부여하였습니다. 이로 인해 영국의 식민지들은 영국을 거쳐야만 유럽산 제품을 구할 수 있었기 때문에 이를 피하기 위하여 밀수가 성행했습니다. 이에 따라 많은 아메리카의 상선들이 나포되었고 재산상의 손실을 겪었습니다. 아메리카의 입장에서는 '바다의 약탈'이라고 말할 수 있는 횡포였지요. 1775년 4월 매사추세츠의 렉싱턴과 콩코드에서 최초의 총성이 울린 후 여러 지역에서 인명 손실이 있었습니다. 1775년 10월에는 Wallace 선장이 이끄는 영국 해군이 300척의 배를 지원하라는 요구를 거절한 로드 아일랜드의 브리스톨에서 함포 공격을 가했던 적도 있었습니다. 이러한 공격은 코네티컷, 뉴욕, 버지니아, 사우스캐롤라이나 등 각지에서 자행되어 도시를 불사르고 인명을 살상했던 것입니다. 독립선언문은 이와 같은 전방위적 공격과 약탈과 살상이 일어나는 와중에 작성되었던 것입니다.

KSAH: 국왕은 우리를 바다에서 약탈을 자행했고, 우리 해안을 습격하고, 우리 도시를 불사르고 우리 주민들의 생명을 빼앗았다.

- 국왕은 우리를 바다에서 약탈을 자행했고? 비문(ungrammatical)이죠? 있는 그대로 번역하면 이렇게 됩니다.

(1) **JK2020**: 국왕은 우리 바다를 약탈하고 우리 해변을 파괴하고 우리 마을들을 방화하며 우리 주민들의 생명을 살상하였습니다.

그런데 "우리"가 너무 반복적으로 나오는 것 같아서, 아래와 같이 (인수분해의 법칙에 따라) "우리"를 앞으로 빼고 나머지를 괄호로 묶어 보았습니다. 뜻은 바뀌지 않고 읽고 듣기는 이게 조금 더 편할 것 같아서 그렇게 했는데, 여러분들은 어떤 게 좋으신가요?

(2) **Thomas Jefferson**: 그는 우리에게 바다에서는 약탈을, 해안에서는 파괴를, 마을에서는 방화를 자행하며, 생명을 살상하였습니다.

※ 다수의 회원들이 (2)를 선택하였음.

23.

He is at this time transporting large Armies of foreign Mercenaries to complete the works of death, desolation and tyranny, already begun with circumstances of Cruelty & perfidy scarcely paralleled in the most barbarous ages, and totally unworthy the Head of a civilized nation.

Discussion

1770년부터 1782년까지 영국의 총리대신Prime Minister을 지냈던 Lord North라는 인물이 있습니다. 아메리카에서 혁명의 기운이 폭발하기 시작하여 1781년 Virginia의 Yorktown에서 아메리카 독립 전쟁의 최종 전투에서 영국이 패배할 때까지 영국 정부에서 실권을 휘둘렀던 정치인입니다. 아메리카 식민지에 대한 영국의 강경한 정책들이 대체로 이 사람의 머리에서 나온 것이라고 추정할 수 있습니다. 1775년 말 노스 경은 식민지에 계엄령을 실시할 것을 제안하는 법안을 제출하였습니다. 그런데 이를 뒷받침할 병력이 없었습니다. 신규 정규군을 모집하거나 아메리카 이외의 해외에 파병된 군대를 소환하자니 너무 많은 시간이 걸렸습니다. 그래서 생각한 것이 용병을 사용하는 것이었습니다. 그리하여 1776년 초 독일에서 용병을 고용하기로 계약을 맺었습니다.

아메리카 독립 전쟁에 참전한 독일계 용병을 Hessian이라고 부릅니다. 물론 용병을 아메리카 식민지에 파견하는 데에 만장일치로 동의했던 것은 아닙니다. 아메리카 식민지라면 같은 영국계 혈통인데, 다른 민족을 고용하여 무력 진압을 시킨다는 것이 옳지 않다는 의견도 있었고 아메리카의 발전 속도와 인구 그리고 땅덩어리의 규모 등을 볼 때 영국이 영원히 식민지로 붙잡아 둘 수는 없을 것이 자명하니 먼 미래를 위하여 차라리 좋은 동맹으로서 통상과 안보에 있어서 실리나 챙기자는 의견도 있었지만, 동서고금을 막론하고 "묻고 따블로 가"자는 패기에는 인간의 이성이 못 당하는 게 아닌가 싶습니다. 결국 영국은 용병을 고용하였고 1776년 8월 29일 롱아일랜드 전투에 최초로 참전하게 됩니다. 본격적인 독립전쟁이 발발한 후 조지 워싱턴은 연전연패를 거듭하였으나 처음으로 제대로 된 승리를 거둔 전투가 The Battle of Trenton입니다. 익숙한 동네 이름이죠? 뉴저지와 펜실베이니아의 경계인 델라웨어강을 1776년 크리스마스 날 엄한 한파와 혹설을 뚫고 얼음을 깨며 건너서 명절이라 경계를 느슨히 했던 적들을 기습 공격했던 전투입니다. 그때 기습 공격을 당했던 부대가 바로 헤시안 용병들이었습니다. 워싱턴의 대륙군 부대가 강을 건넜던 바로 그 자리에 역사 기념 공원이 조성되어 있는데… 멀지 않으니 한번 갈까요?

KSAH: 국왕은 가장 야만적인 시대에도 그 유례가 없고 문명국의 원수로는 도저히 어울리지 않는 잔학과 배신의 상황을 만들고, 이와 더불어 이미 착수한 죽음과 황폐와 포학의 과업을 완수하기 위해 이 시간에도 외국 용병의 대부대를 수송하고 있다.

- 이 시간에도? 이 순간에도.
- 외국 용병의 대부대? 대규모의 외국인 용병.
- 수송하고 있다? 마치 영국 정부가 트럭 회사와 같은 느낌이죠? 파병하고 있다.

이것이 미국독립선언문이다

KSAH의 깜찍한 실패 사례들입니다. 틀리진 않았는데 느낌이 살아나지 않죠. 역사학자의 작품이라 언어 감각이 조금 아쉽습니다. 굉장히 짧은 구절에서 작은 실수가 세 개씩이나! 이런 것들이 모여서 읽어도 내용이 확 다가오지 않는 현상이 발생하는 겁니다.

(1) **JK2020**: 그는 이 순간에도 살상과 파괴와 폭정이라는 과업을 완수하기 위하여 대규모의 외국인 용병을 파병하고 있습니다. 가장 야만스런 시대에도 그 유례를 찾기 힘든, 그리고 문명국의 왕에게는 걸맞지 않는 잔인함과 거짓으로 무장한 채 그 행군은 이미 시작되었습니다.

(2) **Thomas Jefferson**: 그는 이 순간에도 살상과 파괴와 폭정이라는 과업을 완수하기 위하여 대규모의 외국인 용병을 파병하여 가장 야만스러운 시대도 그 유례를 찾기 힘든, 그리고 문명국의 왕에게는 걸맞지 않는 잔인함과 거짓으로 무장한 채 그 행군을 시작하였습니다.

원래는 (1)과 같이 원문을 두 문장으로 나누어 옮겼으나 이번에는 (2)와 같이 원문처럼 한 문장으로 만들어 보았습니다. 이해하고 낭독하는 데 어떤 것이 편하신지요?

※ 다수의 회원들이 (2)를 선택하였음.

24.

He has constrained our fellow Citizens taken Captive on the high Seas to bear Arms against their Country, to become the executioners of their

friends and Brethren, or to fall themselves by their Hands.

1775년 12월 영국 의회는 식민지에 모든 국가와의 교역을 금지하는 법을 통과시켰습니다. 이 법을 위반하여 해상에서 적발될 경우 영국 해군은 아메리카 식민지의 선박은 물론이고 어떠한 국적의 선박도 나포하도록 규정하였습니다. 이 법에 따르면, 나포된 선박의 선원들은 포로가 아니라 노예로서 대우하여 어떠한 일도 강제로 부역시킬 수 있었습니다. 이 규정에 따라 포로가 된 아메리카 식민지인들도 아메리카 선박과 교전이 벌어졌을 경우 전투 요원으로서 강제 참전하는 사태도 발생하였습니다. 이 과정에 교전 중 친구나 형제들을 죽이게 되거나 아니면 그들의 손에 자신들이 전사하는 비극도 일어났던 것입니다.

KSAH: 국왕은 해상에서 포로가 된 우리 동포 시민들에게 그들이 사는 식민지에 대항해 무기를 들거나 우리의 벗과 형제자매의 사형을 집행하거나 그렇지 않으면 그들의 손에 죽기를 강요했다.

- 동포? 동포와 유사한 표현들로 교포, 교민 등이 있습니다만 '동포'란 사는 곳에 관계없이 같은 민족을 모두 아우르는 말이어서 아메리카 식민지의 본국인 영국인들도 아메리카인들에게는 동포입니다. 조지 3세의 관점에서도 지금 항거를 하고 있는 아메리카 식민지인들을 필요에 따라 '동포'라고 부를 수 있습니다. 그런 맥락에서 our fellow Citizens를 영국인까지 포함되는 '동포'라는 표현으로 해석한 것은 굉장한 오역입니다. 정치 연

설에서 많이 사용되는 fellow의 뜻이 중요한데, 혈육이 아니라 뜻을 공유하는 사람, 즉, 동포보다는 '동지'와 가까운 의미인 것입니다. 따라서 our fellow Citizens는 신민subject에서 시민citizen으로 거듭나려고 하는 아메리카 식민지인들을 지칭합니다. 혈육으로서의 연대가 아니라 천부인권과 독립을 추구하는 주체로서의 연대를 드러내는 표현이 바로 our fellow Citizens입니다. 직역한다면 "우리의 시민 동지 여러분들" 정도가 되겠습니다. 그러나 원문의 our와 fellow가 중의적이기 때문에 원문대로 직역할 경우 wordy & awkward한 느낌을 주기에 영어에서 세트 메뉴처럼 사용되는 our fellow를 모두 옮길 필요는 없겠다고 판단하였습니다. 그냥, 우리의 시민들. 조사 '의'의 존재 여부에 따라 문어체냐 구어체냐 갈릴 수가 있는데, 격식을 갖춘 공식 문서니까… 조사까지 생략하진 않았습니다.

- their Country는 아메리카인들에게 있어서 그들의 국가를 뜻합니다.

- 형제자매? 양성평등도 좋지만 해상에서의 전투 상황을 묘사하는 내용에서 형제자매? 그것도 원문에는 Brethren밖에 없는데?

- 사형 집행? executioner라고 하면 "집행자" 특히 사형을 집행하는 사람을 연상시키는 표현인데, 여기는 교도소가 아니라 전쟁터죠. 따라서 여기선 (교전으로 인해) 친구나 형제를 죽이는 사람을 뜻합니다.

- 그들의 손에 죽기를 강요했다? 무슨 소리인지를 알 수가 없는 번역이네요. fall themselves by their Hands에서 themselves는 포로가 되어 강제로 싸우는 식민지인들을 뜻하고요, their는 friends and Brethren입니다. 전투란 것이 원래 죽느냐 죽이느냐의 싸움이죠.

Thomas Jefferson: 그는 우리의 시민들을 공해상에서 나포하여 그들의 모국에 대적하여 무기를 들도록 강요함으로써 친구와 형제들을 죽이거나 또는 그들의 손에 쓰러지게 하였습니다.

25.

He has excited domestic insurrections amongst us, and has endeavoured to bring on the inhabitants of our frontiers, the merciless Indian Savages, whose known rule of warfare, is an undistinguished destruction of all ages, sexes and conditions.

Discussion

버지니아에서 있었던 두 가지 역사적 사건들을 배경으로 하는 비판입니다. 당시 버지니아의 총독 Lord Dunmore의 예를 들고 있습니다. 총독이라 하면 오늘날의 주지사와 같은 포지션이라 할 수 있는데, 영국 왕의 임명을 받았다는 차이점이 있습니다. 당시 아메리카는 1600년대 초중반부터 개척이 시작되어 식민지 역사가 150년에 이르고 있었습니다. 최초 정착 후 여러 세대가 지났음에도 불구하고 본토에서 최고 통치자를 파견하다 보니 국왕의 임명을 받고 파견된 이들 관료들은 아메리카인들을 업신여기는 태도가 있었던 것입니다. 당사자들도 신대륙 파견을 좌천 또는 유배처럼 여겨서 실제로 와서 살지도 않으면서 타이틀만 걸어 놓은 경우도 많이 있었습니다. 충분히 이해가 가는 정황입니다. 이 와중에 식민지에 대한 여러 가지 실정과 학정으로 인하여 아메리카인들이 보스턴 티파티 사건을 필두로 행동을 개시하니 던모어 경처럼 파견된 관료들은 신변상의 위협까지도 느끼게 됩니다. 실제로 총리가 도망쳤던 사례도 있었다고 했죠? 만일 이러한 분위기를 타파하기 위하여 유화책을 썼으면 어땠을까 싶지만 사실은 극단적인 강경책을 썼던 것입니다. 나를 모욕하고 털끝이라도 다치게 한다면 노예해방을 선언하고 윌리엄스버그를 잿더미로 만들어 버리겠다고 협박했던 것입니다. (if "any Injury or insult were offered to himself" he would "declare Freedom to the Slaves, and reduce the City of Williamsburg to Ashes.")

영국에서 파견된 총독이 노예해방을 선언하겠다는 것이 왜 협박인지 언뜻 이해가 되지 않을 수 있습니다. 식민지, 그 가운데서도 남부에 해당하는 버지니아는 노예를 기반으로 하는 농업이 성행했습니다. 우리가 아는 조지 워싱턴, 토마스 제퍼슨 그리고 제임스 매디슨 등이 모두 노예 기반의 농장주였습니다. 중요한 것은, 이러한 사회적 구조를 만든 것은 영국이었다는 점입니다. 노예무역으로 식민지를 착취하고, 노예노동으로 만든 부를 세금으로 착취하는 구조를 만들어 가장 큰 이익을 봤던 것이 영국이라는 사실을 주목해야 합니다. 이런 사회구조를 관리하고 유지하기 위하여 파견된 것이 총독입니다. 건국의 아버지들인 조지 워싱턴, 토마스 제퍼슨, 제임스 매디슨 그리고 조지 메이슨 등은 공히 버지니아 출신의 노예 소유주였으면서도 이러한 구조의 문제점을 파악하고 노예제가 천부인권의 원칙에 부합하지 않는다는 사실을 인식했던 사람들이었습니다. 노예제는 이들이 만든 제도가 아닙니다. 그들은 그것을 상속받았을 뿐입니다. 피상속자로서, 이들이 생전에 노예제를 반대했던 증거는 많이 있습니다. 천부인권의 근본인 자아 성찰이 되는 사람들이었습니다.

던모어 경의 노예해방 선언은 실제로 이루어진 것은 아니지만, 실권자로서, 실질적 위협은 충분히 될 수도 있는 발언이었습니다. 만일 갑자기 총독이 노예해방을 선언하면 노예 농장주의 경제적 파탄은 물론이고 갑자기 노예 신분에서 벗어난 노예들이 폭동과 사회적 혼란을 일으킬 수 있다는 것은 충분히 예상할 수 있습니다. 한마디로, 나 건드리면 너 죽고 나 죽자는 협박이지 흑인 인권과 만민평등을 위한 발상은 전혀 아니었다는 점입니다.

선언 얘기를 하다 보니 한국의 종전 선언도 연상이 됩니다. 선언이 전쟁을 끝내 주는 것이 아니죠? 갈등의 원인이 실제로 소멸되어야 전쟁이 끝나는 것이죠. 독립선언문이 독립을 가져온 것은 아니죠? 그 이후 처절했던 과정이 진짜 독립을 가져왔죠? 전쟁이란 전쟁이 끝났다는 증거와 확신과 보장이 있어야 종전이 되고 종전이 선언되는 것인데 정치인 몇 사람이 모여서 서명하면 전쟁이 끝날 것이라는 생각이 요즘 대한민국 일각의 트렌드인 듯합니다. 마치 종전과 평화는 자기들만 원하는 것처럼 평화를 추구한다는 미명 하에 우물에서 숭늉을 찾고 있습니다. 현실과 소망을 구분하지 못하는 행태입니다. 선언으로 평화를 가질 수 있다고 생각하다니. 돈도 안 받고 영수증을 써 주겠다니. 숙제도 안 하고 진도를 빼려고 하다니. 급히 먹으면 체하는데. 통일도 마찬가지죠? 휴전선 철조망만 끊어 버리면 통일이 되나요? 설령 된다 해도 그렇게 급조된 통일이 평화와 행복을 가져올 수 있을까요? 긁어 부스럼 또는 혹 떼려다 혹 붙이는 결과가 올 수 있지 않을까요? 제퍼슨이 말하는 Prudence를 잘 생각해 봐야 합니다.

건국의 아버지들은 노예 소유주였지만, 노예제도의 근본 문제를 인식하였고, 그 첫 번째 해결책은 영국으로부터의 독립이라고 생각했습니다. 그러고 나서 노예해방을 다룰 수 있을 것이라고 생각했습니다. 이게 순리죠. 원래 순리는 시간이 걸립니다. 그래서 그들은 노예반대론자들이었음에도 남부의 여러 노예주의 힘까지 끌어 모아 함께 싸워서 독립을 쟁취하였습니다. 덕분에 독립은 되었고, 이들 건국의 아버지들의 유업을 이어받아 노예해방도 되었지만, 정작 선언문의 저자인 제퍼슨은 오늘날 마치 위선적 노예 소유주였던 것처럼 낙인찍어 모욕하는 흐름이 있습니다. 그게 요즘 초심을 잃은 미국 사회의 흐름입니다. 제퍼슨을 제치고 건국 정신을 파괴하겠다는 거대한 디자인이 있습니다. 여기 맞서고자 하는 것이 우리 토마스 제퍼슨 센터의 미션입니다.

각설하고, 던모어 총독이 말했던 노예해방 선언은 흑인 노예를 이용하여 반대 세력을 파괴하겠다는 정략이자 벼랑 끝 전술에 불과했습니다. 이 문장의 excited domestic insurrection은 바로 그 점을 꿰뚫어 본 지적입니다.

식민지 아메리카인들의 또 다른 위협은 인디언이었습니다. 식민지인들은 영국이 인디언을 물리치고 점령한 땅을 개척하며 살게 됩니다. 식민지인들은 전쟁의 당사자는 아니지만 정부군이 인디언을 내몰고 돌아간 자리에서 살아가며, 터전을 잃은 인디언들과 갈등을 겪으며 살아가야 하는 당사자들이었던 것입니다. 이런 구도 속에서 버지니아 총독 던모어가 일으킨 전쟁이 Lord Dunmore's War(1774)이라는 전쟁이었습니다. 터전을 빼앗기고 쫓겨난 인디언 부족이 호시탐탐 고토 회복을 노리는 가운데 던모어 총독은 민병대를 일으켜 인디언 부족을 다시 한번 무참히 정벌했습니다. 이 와중에 같은 땅을 두고 버지니아와 펜실베이니아가 지금의 피츠버그 일대의 땅에 대한 소유권 논쟁이 있었는데, 인디언과의 전쟁에서 던모어에게 충성하여 이권을 챙기려 했던 왕당파 John Connolly라는 자가 당시 Fort Pitt이라고 불리던 그곳을 Fort Dunmore라고 이름을 바꾸고 이 땅이 버지니아에 귀속되어 있음을 명시하려던 시도가 있었습니다. 그러던 중 아메리카 독립 전쟁이 발발하자 존 코놀리는 Dunmore 총독과 영국군 총사령관의 승인하에 자신의 병사와 여러 인디언 부족들을 규합하여 Loyal Foresters라는 부대를 만들어 아메리카 독립 전쟁을 저지하려고 했습니다. The Connolly Plan이라고 하는 이 음모는 그가 혁명군에 체포되어 수포로 돌아갔지만, 인디언과 아메리카 식민지인들의 숙명적 갈등 관계를 이용하여 폭정을 이어 가려는 시도였던 것입니다. 당시 인디언과의 갈등으로 인하여 유명한 개척자 Daniel Boon의 아들을 비롯한 어린이와 여자들도 잔혹하게 살해되었고 당시 매체에도 널리 보도되어 아메리카인들에게는 공포의 대상이었습니다.

KSAH: 국왕은 우리 사이에 내란을 선동했고 변경의 주민에 대해서는 연령, 남녀, 신분의 여하를 막론하고 무차별로 살해하는 것을 전쟁의 규칙으로 하는 무자비한 원주민을 자기편으로 하려고 했다.

- 내란 선동? 내란이란 국가 안에서 일어나는 반란을 뜻하는 것이고, 아메리카 혁명의 맥락에서는 보스턴 티파티 사건 같은 일들이 "내란 선동"이란 표현에 적합하지 않은가 싶습니다. 식민지 시대에 영국의 흑인 노예 해방 선언과 같은 협박은 (영국의 폭정에 대하여) 내란을 일으키고 있는 반란 세력rebels을 교란하기 위한 계책이므로 애국파의 입장에서 볼 때는 내란을 선동했다기보다는 (우리 안에서) '자중지란을 부추겼다'고 옮기는 것이 원저자의 입장에 부합되는 것으로 보입니다.

JK2020: 그는 우리 내부의 자중지란을 부추겼습니다. 무자비한 인디언 야만족들을 움직여 변경의 주민들과 싸움을 붙였습니다. 나이와 성별과 상황에 개의치 않고 살육하는 것을 전쟁의 수칙으로 삼고 있는 그들과 말입니다.

Thomas Jefferson: 그는 우리 내부의 자중지란을 부추겼으며, 나이와 성별과 상황에 개의치 않는 살육을 전쟁의 수칙으로 삼는 무자비한 인디언 야만족들을 변경의 우리 주민들에게 끌어들였습니다.

26.

In every stage of these Oppressions We have Petitioned for Redress in the most humble terms: Our repeated Petitions have been answered only by repeated injury.

KSAH: 이러한 탄압을 받을 때마다 그때그때 우리는 겸손한 언사로 시정을 탄원했다. 그러나 여러 차례 계속된 진정에 대해 돌아온 것은 박해뿐이었다.

Discussion

- the most humble terms. 겸손이라고 하셨는데, 겸손은 개인적인 관계에서 사용되는 표현이지, 국가 간에 외교적 언어를 묘사하는 표현은 아닙니다. 한국이 미국에게 겸손합니까? '정중'하다고 옮겨야 경우에 맞는 번역이죠. 암튼, 건국의 아버지들 사이에도 "humble"을 담당하셨던 분이 있습니다. John Dickinson이라고 아메리카 혁명 당시 델라웨어와 펜실베이니

아의 총독을 역임하셨던 분입니다. 제퍼슨 이전에 대륙회의에서 공식 문서 작성 담당이었습니다. 이분의 글은 너무나 정중하여 영국의 관리들도 그 품격을 인정했던 바가 있을 정도입니다.

어디든 온건파와 강경파가 있듯이 아메리카 혁명의 시기에도 같은 아메리카인들 사이에도 처음부터 독립을 주장했던 사람들이 있었던 반면 끝까지 독립을 반대했던 사람들이 있었습니다. 전문 용어로 독립을 원했던 사람들을 Patriots라고 하고요, 영국과 결별하지 않기를 원했던 사람들을 Loyalist 또는 Tories라고 불렀습니다. 또한 Patriots 가운데도 강경파와 온건파가 있었습니다. John Dickinson은 그 가운데 온건파, 그리고 John Adams 같은 분은 강경파의 대표적인 인물이었습니다. 이 같은 사정은 영국도 마찬가지여서 그곳에도 아메리카에 대한 강경파와 온건파가 존재했었다고 봐야 할 것입니다.

그렇게 정중한 문장으로 존 디킨슨은 두 번의 청원을 영국에 올렸습니다. 첫 번째 청원은 'The Petition to the King'이라는 청원서였고, 두 번째 청원은 'Olive Branch Petition'이라는 청원서였습니다. 모두 영국 왕에 대한 존경과 충성을 말하며 단, 아메리카 식민지인들도 애초에 왕과의 약속인 특허장 Charter에 의거하면, 영국인으로서 아메리카에 이주한 것이며, 또한 1세대 이주자들처럼 그들의 후손 역시 영국인과 동등한 권리를 갖고 있으므로 그에 준하는 공정한 처사를 바란다는 내용이었습니다. 어이없게도, 아메리카 식민지가 처음으로 모여서 단일한 목소리를 담은 첫 번째 문서는 왕에게 전달된 문서 더미에 섞여 분실되었고, 아무런 답변도 받지 못했습니다. 두 번째 청원서는 왕에게 전달되었을 때 왕은 그것을 거들떠보지도 않은 채 아메리카 식민지는 반란 상태라는 포고령(Proclamation of Rebellion)과 함께 전쟁을 선포했습니다.

여기서 약간의 야사가 있습니다. John Adams에 관련된 스토리인데요, 편지를 무척 많이 쓰시는 분입니다. 13개 식민지가 공식 문서로 왕에게 보내진 정중한 청원서가 왕에게 전달되기도 전에 존 아담스가 사적으로 작성한 편지가 영국 관료에게 발각되어 압수되었습니다. 아메리카는 무장을 해야 하고 독립을 추구해야 한다는 내용이었습니다. 공식 문서가 전달되기도 전에 존 아담스의 편지를 알게 된 영국 왕은 존 디킨슨이 작성하여 13개 식민지의 서명이 들어간 공식 문서는 진실성이 없다고 인식하여 전쟁을 선포하기에 이른 것입니다. 아메리카와 영국 양측의 강경파와 온건파 간의 극심한 첩보전과 자신들의 뜻을 관철시키기 위한 권력 투쟁이 추측되는 장면입니다.

결과적으로 아메리카는 (적어도 공식적으로는) 모든 격식과 예우와 절차를 밟아 독립을 선포한 모양새를 갖추게 되었고 영국은 웃는 얼굴에 침을 뱉은 격이 되었습니다. 만일 존 아담스의 편지가 없었다면 미국의 역사는 어떻게 변하였을지 모르지만, 이런 해프닝 역시 눈에 보이지 않는 역사의 변곡점이 아닌가 싶습니다.

이와 별도로 벤자민 프랭클린과 같은 분은 여러 식민지들을 대표하여 영국에 주재원으로 파견되어 식민지의 입장과 이익을 관철하는 에이전트 역할을 했습니다. 다른 여러 건국의 아버지들처럼 이분 역시 처음부터 독립을 주장하지는 않았지만 갈수록 가혹해지는 영국의 폭정에 질려 애국파Patriot로 전향, 독립과 건국에 큰 공을 세우게 됩니다. 존 디킨슨 역시 그의 정중한 태도로 인해 왕당파Loyalist가 아니냐는 의심을 받기도 했지만, 직접 전쟁에 참전까지 함으로써 그러한 오해를 일소하였습니다.

이와 같은 일련의 과정을 연대표로 만들어 보았습니다. 그간 공부했던 내용들의 종합편이라 할 수 있으니 자세한 설명은 생략하겠습니다.

- Townsend Acts 1767-1768 (세금 관련)
- Boston Tea Party 1773년 12월 16일
- Intolerable Acts 1774
- 제1차 대륙회의 September 5 to October 26, 1774 (12 colonies/ Georgia는 불참)
  (John Dickinson의 Petition to the King 1774년 10월 25일)
- The Battle of Lexington and Concord 1775년 4월 19일
- 제2차 대륙회의 1775년 5월 (13 Colonies)
- Olive Branch Petition 1775년 7월 5일 John Dickinson
- Proclamation of Rebellion 1775년 8월 23일 King George III
- 토마스 제퍼슨의 독립선언문 1776년 7월

Thomas Jefferson: 이러한 박해가 있을 때마다 우리는 가장 정중한 표현으로 시정해 줄 것을 탄원하였습니다. 우리의 거듭된 탄원은 그러나 거듭된 모욕으로 돌아올 뿐이었습니다.

27.

A Prince whose character is thus marked by every act which may define a Tyrant, is unfit to be the ruler of a free people.

KSAH: 이와 같이 모든 행동에서 폭군이라는 정의를 내리지 않을 수 없는 국왕은 자유로운 인민의 통치자로서 적합하지 않다.

Discussion

왕에 대한 컴플레인을 모두 마치고 드디어 왕에 대한 결론을 내립니다 - 우리랑은 안 맞다!

그런데 왕에 대한 많은 컴플레인을 왕이 없는 사회에서 살고 있는 우리들은 현대적 맥락에서 어떻게 이해하고 실생활에 적용할 수 있을까 생각해 보았습니다.

우리 토마스 제퍼슨 센터에서 공부하며 얻었던 가장 커다란 각성은 전체주의적 근성과 행동이 왕만의 것이 아니라는 사실이었습니다. 평범한 개인도 타고난 본성 가운데 하나로 전체주의적 근성을 가지고 있습니다. 이것이 각자의 근기(내공)나 상황에 따라 표출되기도 합니다. (다 그런 건 아니지만) 순하던 사람이 권력을 잡거나 많은 돈을 벌면 갑자기 돌변하는 현상이 이것입니다. 이것을 염려하여 건국의 아버지들은 헌법에 삼권분립이라는 장치를 마련해 두었습니다. 누가 집권을 하든지 전체주의적 근성을 발휘할 수 없도록 개인이 가질 수 있는 권력에 제한을 둔 것이었습니다. 인류 최초의 삼권분립 제도. 굉장히 현명한 분들이었던 것 같습니다.

미국 헌법의 토대인 독립선언문은 전체주의와의 전쟁을 선포하는 글입니다. 왕정이 사라진 오늘날 전체주의와의 싸움은 그러나 더 이상 폭군인 왕과의 싸움이 아닙니다. 왕이 사라진 이 사회에서 폭군은 자기가 속한 가정과 단체와 커뮤니티에서 누구든지 될 수 있습니다. 그래서 이제 전체주의와의 싸움은 내 속의 전체주의, 내 가정과 내 커뮤니티의 전체주의와의 싸움이 관건이 될 것입니다. 이것이 오늘에 맞는 독립선언문의 독법이 아닌가 싶습니다. 전체주의는 자유 시민의 통치자뿐만 아니라 자유 시민에게도 적합하지 않은 품성입니다.

JK2020: 모든 행실이 폭군이라고 밖에 할 수 없는 성격을 가진 군주는 자유 시민의 통치자로서 적합하지 않습니다.

Thomas Jefferson: 모든 행실이 이렇게 폭군으로 규정될 수 있는 성격을 가진 군주는 자유 시민의 통치자로서 적합하지 않습니다.

※ 28/ 29/ 30/ 31
왕의 폭정에 대한 고발을 마치고 다음의 네 문장에서는 "our British brethren"에 관한 입장을 설명합니다.

28.
Nor have We been wanting in attentions to our British brethren.

KSAH: 우리는 또한 영국의 형제자매에게도 주의를 환기시키는 데 부족함이 없었다.

Discussion

- Nor가 나오네요. 중학교 영어 시간에 외웠던 시가 생각나네요. Who has seen the wind? Neither I nor you. 누가 바람을 보았는가? 나도 아니

고 너'도' 아니다. 「~도 아니다」가 nor의 뜻이죠. 근데 문장 맨 앞에 나와서 강조법.

- wanting은 부족하다는 뜻이니 nor wanting은 ~에'도' 부족함이 없었다는 뜻이 되겠지요. 그러니까 지금까지의 호소가 영국과의 올바른 관계 정립을 위하여 도리와 정성을 다하는 데 부족함이 없었음을 설명하는 내용이었다면 이번에는 다른 누군가에 대해서도 (우리의 입장을 알리고 이해를 구하는 데 있어서) 부족함이 없었다는 말을 하겠다고 운을 떼고 있는 것입니다. 그 다른 누군가가 누구냐면⋯ our British brethren이죠.

- 형제자매? 과역입니다. 예전에는 Men이라고 하면 인류를 뜻했던 것처럼 형제라고 말하면 굳이 형제자매라고 할 것 없이 같은 핏줄의 동포를 뜻하는 것은 금방 알 수 있죠. 한 핏줄의 사람들인데⋯ "our"가 있으니 나와 같은 한 핏줄, 즉 동포죠.

- 영국의 일반 국민들에 대해서 아메리카인들은 동포라는 의식이 있었다는 점이 중요합니다. 일제강점기에 독립투사들이 일본인에게 "동포"라고 부르며 '너희들, 같은 동포끼리 너무하지 않느냐?' 이렇게 항거하지는 않았겠죠? 아버지와 할아버지의 나라에서 같은 핏줄인데도 불구하고 받게 되는 폭정과 차별적 대우, 이것이 바로 독립선언문의 동기가 되었다는 점은 이미 여러 번 말씀드렸습니다. 그러고 보면 아메리카 독립 전쟁은 동족상잔의 비극이라고 볼 수 있죠?

- wanting in attention to our English brothren 여기서 까다로운 것이 attention입니다. 왕에게도 할 만큼 했지만 영국의 일반 국민들에게도 할 만큼 했다는 얘기죠. 무엇을 할 만큼 했는지는 그다음 문장에서 나오겠지만, 왕에게 기울였던 것과 대동소이한 일들을 할 만큼 했다는 것이죠. (관

계 정상화를 위한) 왕에 대한 도리와 정성. 그것을 attention이라고 표현했습니다. 이것을 사전적으로 옮기면 '동포들에게 관심을 기울이는데 부족함이 없었다'라고 하게 되는데… 우리말에서 보통 A가 B에게 관심을 갖는다라고 한다면… A가 갑의 입장일 경우가 많은데, 지금은 식민지인들이 본국의 동포들에게 자신들의 억울한 사정을 하소연하는 일을 충분히 했다는 맥락에서의 'attention'이므로 그냥 관심이라고 해석을 하게 되면 '관심'이란 말의 뜻이 워낙 방대하여… 원저자의 뜻이 변질될 수 있다는 염려가 되었습니다. 해서, 고민을 좀 하다가, 약자의 입장에서 객관적 제3자일 수 있는 동포들에게 열심히 하소연하는 일… 그것에 대한 좀 더 적확한 표현은 〈그들에게 충분한 관심을 주는〉게 아니고 그들에게 '정성을 다하는 것'이라는 결론을 얻었습니다. 전에는 관심이란 말 대신 배려라는 말을 써 봤는데… 지금 보니 영~ 아니네요. 결국 또 고쳤습니다. 종합하면, attention: 주의=〉관심=〉배려=〉정성. 이런 변천을 거쳤습니다. 이제야 좀 맘에 드네요.

JK2020: 우리는 영국에 있는 동포들에게도 충분히 배려하였습니다.
Thomas Jefferson: 우리는 영국에 있는 동포들에게도 부족함 없는 정성을 기울였습니다.

제가 오래전에 한국에서 발간된 산문집을 영문으로 옮겨 출간했던 적이 있습니다. 원저자는 본문에서 유명한 학자들을 인용하곤 했는데, 그 인용문의 출처를 찾아내서 인용이 올바로 된 것인지 확인하느라 고생했던 적이 있습니다. 심지어는 원저자가 잘못 알고 서술한 내용도 검증하여 각주로 원저자의 오류임을 밝혀 줄 수 있어야 완벽한 번역이라고 할 수 있을 것입니다. 번역으로 그릇된 지식을 새로운 문화권에 확산시킬 수 있기 때문입니다. 그래서 번역자는 원저자가 처해 있던 시대적 배경, 원문의 역사적 배경은 물론 원저자의 지성적 배경까지도 꿰고 있어야 완벽에 가까운 번역물을 만들어 낼 수 있습니다.

고교 시절 국어 수업 시간에 훈민정음이나 용비어천가 등등의 고전을 한 자 한 자 음미해 가면서 한 시간 내내 진도를 한두 줄밖에 나가지 못했던 기억이 있습니다. 그 짧은 작품을 이해하는 데 알아야 할 것이 왜 그렇게 많은지. 원작도 원작 나름이지만 원작을 이해하기 위하여 그 정도의 예비 학습을 마친 후 만들어진 번역이라야 그나마 제대로 된 번역 작품이 나오지 않겠는가 하는 생각이 듭니다. 독립선언문의 경우, 이번에 해설을 쓰면서 예전보다 많은 리서치도 하였고 일정한 업그레이드를 하였지만 그래도 미진한 점이 많이 있습니다. 기본적으로 영어 자료에도 지금 제가 하고 있는 정도의 해설이 존재하지 않습니다. 미국 사람들은 자기네 언어라 원문을 이해하기 쉽다고 여겨서인지는 모르겠으나 원문의 배경지식에 관한 세부적이고 철저한 고증과 해설이 흔치 않았기에 지금까지 오는 데 많은 난관이 있었습니다.

영국의 일반 국민들에게 아메리카 식민지인들은 어떠한 정성을 기울였을까? 그것은 왕이나 의회와의 관계에서 만들어진 공식 문서나 조치를 통해 이루어졌다기보다는 수많은 아메리카인들의 개인적이고 비공식적인 차원에서 영국의 왕이나 고위 관료가 아닌 사람들과의 교류와 소통을 통해서 이루어진 내용들일 가능성이 높으므로 두드러진 기록을 찾기가 어렵습니다. 역사학자들의 전문적인 연구와 고증으로 보강되어야 할 부분인 듯합니다.

독립선언문의 이 대목처럼 아메리카인으로서 영국과 아메리카의 평화를 위하여 대영제국의 시민들 속에서 부족함 없는 공을 들였던 사람이 있습니다. 식민지 아메리카와 영국의 갈등이 격화되기 전부터 독립 전쟁이 시작되기 직전까지 수많은 영국인들과 교류하며 그 시대를 충실한 영국의 신민에서 강력한 건국의 아버지로 변신하신 분입니다. 바로 벤자민 프랭클린입니다. 그는 1757년부터 1775년 3월 21일까지 18년간 런던에서 거주하였습니다. 그 가운데 약 18개월 동안만 필라델피아에 돌아와 생활했을 뿐이었습니다. 1720년대 10대의 인쇄공으로 잠시 영국에서 거주했을 때와는 달리 성공한 사업가이자 세계적 과학자로서 영국에서 주거하게 된 벤자민 프랭클린은 영국의 수많은 주요 인물들과 교류하였습니다. 심지어는 그가 세 들어 살던 집의 미망인 여주인 그리고 그녀의 딸과 "제2의 가족"을 이루어 생활할 정도로 그가 영국인들과 가졌던 인간관계는 넓고 깊었습니다.

영국에서 벤자민 프랭클린이 보냈던 거의 20년에 이르는 기간은 영국과 식민지의 화평을 원하는 저명한 아메리카인이 영국과의 전쟁과 독립이 불가피하다고 결론짓고 가장 강력한 애국자로 거듭나는 시기였습니다. 애초 프랭클린은 (영국 왕이 아닌) 영주에 귀속된 펜실베이니아 의회의 대표로 파견되었으나 펜실베이니아는 영주가 아닌 영국 왕의 직접 통치가 바람직하다고 생각하였으며, 심지어는 아메리카 식민지 전체를 영국령의 치하에서 (오늘날 호주나 캐나다처럼) 느슨한 연방 체제로 만들고자 제안하기도 했을 정도로 영국에 대한 깊은 충성심을 보였던 분입니다. Stamp Act가 발효된 직후 이 같은 친영국적 스탠스로 인하여 고향인 펜실베이니아에서 불신을 당하기도 하였으나 곧 식민지인들의 분노를 이해하고 영국 의회에서 이 법을 철회하는 데 결정적인 기여를 하였으며, 아메리카의 입장을 대변하는 많은 에세이를 집필하여 영국에서 펜실베이니아 뿐 아니라 조지아, 뉴저지, 매사추세츠에서도 영국 파견 에이전트로 임명을 받기도 하였습니다.

영국과 아메리카 식민지의 중간적 위치에서 양자 간의 갈등을 조정하려고 최선을 다했으나 점차 악화되어 가는 갈등 국면 속에서 매사추세츠 총독과 부총독 사이에 식민지인들의 권리를 제한해야 한다는 내용의 편지가 누출된 사건과 연루되어 1774년 1월 29일 왕실 추밀원에서 개최된 청문회에서 왕의 측근인 Alexander Wedderburn 경의 강력한 성토를 당하는 사태가 발생하였습니다. 수많은 지인들과 친구들이 참석한 가운데 모욕과 인신공격을 당하였습니다. 이날을 기화로 영국과의 평화에 대한 프랭클린의 희망은 크게 꺾이게 되었고, 이후에도 프랭클린은 영국을 떠나기 직전까지 아메리카에 동정적인 영국의 귀족이자 대신인 William Pitt 경과 화해의 노력을 하였으나 거부당하고 영국의 적으로 간주되어 체포 영장이 발부되기 직전 필라델피아로 돌아왔습니다. 스스로 대영제국의 신민을 자부하여 영국에서의 생활을 행복하게 영위했던 벤자민 프랭클린은 떠나기 마지막 날에도 신문 기사를 읽는 도중 글자 그대로 눈물이 뺨을 타고 흘러내려 여러 번이나 읽기를 중단했다는 일화가 전해집니다. 10년 만에 고향 집으로 돌아왔을 때 그의 아내 데비는 이미 몇 달 전 사망하여 아무도 반겨 주지 않았다는… 아내보다 나라가 소중했던 애국자였습니다. (PS. 참고로, 아들도 왕당파였기에 손절했다는.)

벤자민 프랭클린은 독립선언문 초안작성위원회의 위원 가운데 한 명으로서, 벤자민 프랭클린의 영국에서의 생활과 경험이 바로 이 문장들에 녹아 있다고 여겨져 런던에서의 그의 생활을 간략히 정리해 보았습니다, 아메리카 혁명의 아이돌 가운데 한 사람으로서, 개인적 경험과 변화가 바로 식민지 아메리카의 경험이자 변화를 반영하는 사례 가운데 하나인 듯합니다. 그렇게 노력해도 안 되더라… 그래서 할 수 없이 우리는 독립을 선언한다…는 독립선언문의 서사에 정확히 부합하는 아메리카 혁명의 화신 가운데 한 명이 바로 벤자민 프랭클린이 되겠습니다.

그가 런던에서 살았던 바로 그 집은 아직도 Benjamin Franklin House 라는 이름으로 보존되어 박물관으로 활용되고 있다고 합니다. 프랭클린이 실제로 살았던 집들 가운데 유일하게 남아 있는 가옥이라고 하네요. 그를 기념하는 박물관으로는 필라델피아에도 하나 있습니다. Benjamin Franklin Museum - 317 Chestnut St, Philadelphia, PA 19106

참고자료:

https://allthingsliberty.com/2018/01/franklins-secret-efforts-bring-reconciliation/

https://www.amphilsoc.org/blog/how-alexander-wedderburn-cost-england-america

https://allthingsliberty.com/2018/01/franklins-secret-efforts-bring-reconciliation/

https://allthingsliberty.com/2016/06/benjamin-franklins-battery-of-lovers/

https://en.wikipedia.org/wiki/William_Pitt,_1st_Earl_of_Chatham

https://www.battlefields.org/learn/articles/life-colonial-america-priorrevolutionary-war

https://www.americanheritage.com/benjamin-franklins-years-london

29.

We have warned them from time to time of attempts by their legislature to extend an unwarrantable jurisdiction over us.

KSAH: 우리는 영국 의회가 우리를 억압하려고 부당한 사법권을 확대하려 하자 수시로 경고했다.

Discussion

- warn이라고 하면 위험이나 문제점 등을 미리 알려 준다는 의미이고, 경고는 "조심하거나 삼가도록 미리 주의를 주다"라는 뜻입니다. 'warn'과 '경고'는 의미가 비슷하면서도 미묘하게 다르네요. 식민지 아메리카인들이 본국 국민인 영국인들에게 "니들 조심해!"라고 말하는 입장이 아니기 때문입니다. 경고라면 약간은 강압이나 위협의 의미가 들어 있는데, 여기서는 하소연에 가까운 메시지입니다. 그래서 사전에 나와 있는 대로 warn을 기계적으로 '경고'라고 옮겼다가는 아메리카인들과 영국인들 사이가 적대 관계인 것처럼 묘사될 수 있다는 문제가 있습니다. 그래서 여기서 warn은 경고가 아닙니다. 이에 부합되는 적확한 한자어가 없을까 궁리해 봤는데… 못 찾았고… 그냥 평이하게… "알렸다" 정도가 최선인 듯합니다.

- over us가 "우리를 억압하려고?" unwarrantable jurisdiction이라는 말에

억압이라는 의미가 함의되어 있어서 의미의 중복이고 과역이 아닌가 싶습니다. 그리고 법을 만들고 집행하려는 사람들이 "억압하려고" 그런 일들을 하지는 않습니다. 그들 입장에서는 항상 정당하죠. 그게 당하는 입장에서는 억압이나 핍박이 되는 거죠. 따라서 원문에도 없는 "억압"이라는 말을 만들어서 (over us를) 옮길 필요까지는 없었다고 봅니다. 그게 없으면 뜻이 안 통하는 것도 아니고요. 그냥 '우리에게까지…' 이런 부당한 통치권을 확대했다… 정도가 순탄하지 않을까 싶습니다.

JK2020: 우리는 그들에게 그들의 의회가 우리에게 부당한 통치권을 행사하려는 시도를 수시로 알렸습니다.
Thomas Jefferson: 우리는 그들의 의회가 우리에게 부당한 통치권을 확대하려는 시도를 그들에게 수시로 알리곤 했습니다.

30.

We have reminded them of the circumstances of our emigration and settlement here.

KSAH: 우리는 우리가 아메리카로 이주해 식민을 하게 된 제반 사정을 다시 한번 상기시켰다.

Discussion

- 이주해 식민을 하게 된? settle은 정착이죠. 식민지라는 말은 사용해도 식민을 했다는 표현은 거의 본 적이 없는데, 식민이 무슨 뜻인가 했더니

식민(植民), 즉 백성을 심는다는 말입니다. 즉, 이주민은 식민을 당하는 사람이고, 식민의 주체는 국가나 정부지요. 그러니까 이주해 식민을 한다는 표현을 이 맥락에서 사용했다는 것은 식민의 의미를 정확히 이해하지 못했다는 뜻이 되겠습니다.

- 제반 사정? circumstances 그냥 평이하게 사전에 나오는 대로 옮기는 게 무난하겠습니다.

- 상기시켰다? have remind, 즉 현재완료형 시제는 이 경우 단 한 번의 행위를 묘사하는 것이 아니고, 지금까지 쭉~ 반복적, 지속적으로 그렇게 해 왔음을 의미합니다. 상기시켰다고 하면 상대방이 잊고 있을지도 모르는 내용을 여전히 기억하고 있는지 확인 차, 그리고 잊고 있으면 다시 기억을 유지시키기 위하여 재차 말하는 행위를 뜻합니다. 그 내용은… 우리가 살기 힘들다… 부당하다… 억울하다… 하는 것이겠죠. 즉, 계속해서 하소연했다…라는 뜻이겠죠?

미주 한인의 입장에서 매우 이해가 잘 가는 문장입니다. 한국에 가서 만나는 가족, 친지, 친척들에게 이곳에서 정착하면서 겪는 어려움을 토로하는 일이 많지요? 동서고금을 막론한 인지상정인 듯합니다. 물론 독립선언문 속의 상황은 보다 절박한 입장이지만요.

Thomas Jefferson: 우리는 그들에게 이곳에서의 이주와 정착 상황을 하소연해 왔습니다.

31.

We have appealed to their native justice and magnanimity, and we have

conjured them by the ties of our common kindred to disavow these usurpations, which, would inevitably interrupt our connections and correspondence.

KSAH: 그들의 타고난 정의감과 아량에도 호소한 바 있다. 그들과 같은 피가 흐른다는 데 호소하여 우리와의 연합과 결합을 결국에는 단절시키는 이러한 탄압을 거부해 줄 것을 탄원하기도 했다.

Discussion

- 타고난 정의감? '타고났다'라고 한다면, 특별한 사람의 태생적 능력이나 재능을 뜻하는데, 여기서 말하는 native라고 하면 그런 의미의 능력이나 재능이 아니라 인간이면 누구나 갖는, 자연적 품성을 말합니다. 인간이라면 누구나 갖는 정의감, 즉 '인간적 정의감'이 적당해 보입니다.
- 아량? magnanimity는 어려운 단어인데, generosity와 유사한 의미입니다. 아량이라고 하면 '너그럽고 속이 깊은 마음씨'를 뜻하긴 하지만 대체로 윗사람이 아랫사람에게 베푸는 좋은 마음을 뜻할 때 많이 사용합니다. 제퍼슨이 어려운 단어를 사용했기에 저는 '혜량'이라고 옮겨 보았는데, 혜량이란 '상대방의 처지를 헤아려 생각함에 대한 존칭'입니다. 이 상황에서 영국민들에 대한 제퍼슨의 겸손한 마음을 잘 표현하면서도 magnanimity에 걸맞은 어려운 우리말 단어인 듯하여 사용하였습니다.
- 같은 피가 흐른다? 같은 A형? B형? our common kindred라는 말은 혈연 또는 친족. tie는 유대 관계.
- 연합과 결합? 정상적 한국인의 작업인지 궁금해지는 대목입니다. 너무

이것이 미국독립선언문이다

하셨네요.

- disavow가 굉장히 까다로운 말인데, 영한사전에는 심플하게 '부인하다' 또는 '부정하다'라고 풀이되어 있지만 영영사전에는 'to deny responsibility for' 또는 'to say that you know nothing about something, or that you have no responsibility for or connection with something'라고 되어 있습니다. 그래서 이 단어의 뜻은 단순하게 부정하거나 부인한다는 뜻이 아니고 "나 몰라라 한다" 또는 "내 알 바 아니라고 말한다" "나와 무관한 일이라고 주장한다"는 뜻인 것입니다. 실제로 지금까지 열거한 국왕의 폭정 사례는 영국의 평범한 시민들이 했던 일이 아니므로, 친애하는 영국 국민 여러분들은 그러한 국왕의 폭정과는 관계없다고, 지지하지 않는다고 말해 주세요…라고 호소하는 장면인 것입니다.

JK2020: 우리는 저들의 인간적 정의감과 혜량에 호소하였습니다. 그리고 우리는 (지푸라기라도 잡는 심정으로) 저들과의 혈연적 유대를 토로하며 이와 같은 침탈에서 손을 떼도록 탄원하였습니다. 그것은 필경 상호간의 결속과 교류를 파탄시킬 것이기 때문입니다.

Thomas Jefferson: 우리는 그들의 인간적 정의감과 혜량에 호소하였으며, (그들과) 우리의 혈연적 유대에 의거하여, 우리의 결속과 교류를 필연적으로 파탄시킬 이와 같은 침탈은 그들과 무관하다고 주장해 줄 것을 간청하였습니다.

32.
They too have been deaf to the voice of justice and of consanguinity.

KSAH: 그러나 이들 또한 정의와 혈연의 소리에 귀를 기울이지 않았다.

Discussion

- justice와 consanguinity. 이성과 감성을 상징하는 두 단어입니다. 윗줄에서 '인간적 정의감과 혜량 vs. 혈연적 유대' 역시 이와 유사한 대비죠. 보편적 품성 vs. 특수한 관계. 영국민의 동정과 공감을 구하기 위해서 그들의 이성과 감성에 모두 호소하였고, 인간의 보편적 품성과 이들의 특수한 관계까지 거론하며 공을 들여왔으나 허사였음을 말하고 있습니다. 패악을 일삼는 국왕이 때리는 시어머니라면, 때리는 시어머니나 옆에서 멀뚱멀뚱 구경하는 시누이나 그 나물에 그 밥이라는 사실을 확인하는 장면입니다. 영국 왕도 영국민도 우리 편이 아니구나. 맨 마지막으로 호소했던 구실이었던 핏줄도 소용이 없었음을 공식 확인하고 있습니다.

JK2020: 저들은 이러한 정의와 혈연의 목소리도 외면하였습니다.
Thomas Jefferson: 그들 역시 정의와 혈연의 목소리를 외면하였습니다.

33.

We must, therefore, acquiesce in the necessity, which denounces our Separation, and hold them, as we hold the rest of mankind, Enemies in War, in Peace Friends.

Discussion

그렇게 많은 핍박을 받으면서도 정성을 다하여 호소하였고, 그러고도 무시당하고 나서야 비로소 결단을 내립니다. 상대의 태도와 입장을 확인할 만큼 확인했으니 이제 우리의 입장을 표명할 차례입니다. 놀라울 정도의 인내와 신중함입니다. 그리고 더할 나위 없이 절제된 표현입니다. 이쯤 되면 (한국에서 많이 봤던 감수성으로는) 분연히 떨쳐 일어나자는 분노와 증오의 표현이 나타날 법한데 제퍼슨은 acquiesce in necessity라고 말하고 있습니다. acquiesce는 내키지는 않지만 담담하게 받아들인다는 뜻입니다. necessity는 필요한 일, 꼭 해야 할 일을 뜻하지요. 즉, 꼭 해야 할 일을 부득불 받아들인다는 뜻이죠. 케네디 취임연설문에 이런 말이 있죠. I do not shrink from this responsibility; I welcome it. 피하지 않고 기꺼이 받아들이겠다. 무엇을? 책임을. 여기서 말하는 responsibility와 necessity, 일맥상통하죠? 이 책임과 필요는 무엇을 의미할까요? 바로 독립선언문 서두에 열거했던 원칙들을 의미합니다. 만민평등, 천부인권, 주권재민. 바로 이것들을 구현하기 위한 행동에 들어가야 하겠다는 입장을 바로 이 문장에서 표명하고 있는 것입니다.

행동은 두 가지로 제시되고 있죠. 첫째, 저들과 선을 긋는다는 것입니다. Separation. 먼저 싸우겠다는 것이 아닙니다. 그냥 이제부터 우린 따로 살겠다는 것입니다. 둘째, 그런 우리를 건드리지 말라는 경고입니다. 먼저 공격하겠다는 것이 아닙니다. 이제부터 우린 남남이니 따로 살되, 건드리지 않으면 평화롭게 살 수 있지만 건드리면 전쟁도 불사한다는 배수의 진을 각오한 결별 선언입니다. 만일 전쟁을 하게 되면 그것은 전적으로 상대방의 책임이란 점도 분명히 하고 있습니다. 명분도 확실히 챙기고 있지요.

이 구절에서 두 가지 주목할 점이 있습니다. 첫째, 같은 민족이라 할지라도 여느 나라 사람들과 같이 대하겠다는 다짐입니다. 둘째는 국가의 안위와 국민의 행복을 위하여, 영원한 친구도, 영원한 적도 없다는 인식을 말하고 있습니다. 사사로운 인정에 집착하지 않고 변화무쌍한 현실을 직시하며 원칙을 수호한다는 결의로 해석됩니다. 지극히 단순한 표현이지만 지극히 지혜로운 입장이 아닐 수 없습니다.

KSAH: 그러므로 우리는 우리가 영국에서 독립해야 하는 사정을 고발할 필요성을 묵묵히 받아들이면서 세계의 다른 국민에게 대하듯이 영국인에 대해서도 전시에는 적으로 평화시에는 친구로 대하지 않을 수 없다는 것을 주장한다.

- 우리가 영국에서 독립해야 하는 사정을 고발할 필요성? 이 부분은 번역이 아니라 해설이네요.
- 묵묵히 받아들인다? 수동적인 태도가 아니라 신중한 태도를 뜻하는 표현으로 '묵묵히'는 적당하지 않죠. 묵묵히는 silently. 그런데 지금 denounce, 즉 선포를 하고 있다고 말하잖아요. 묵묵히 선포한다? 앞뒤가 안 맞죠. 피치 못하게, 부득불… 이게 현재 제퍼슨의 심경입니다.
- 독립? Separation과 Independence의 미세한 차이를 생각해 봅니다. Separation의 선언을 상대방에게 인정을 받으면서 또한 자력으로 존재를 이어 갈 수 있는 상태를 Independence라고 한다면, Separation은 Independence의 필요조건이지 충분조건은 아니라고 여겨집니다. Separation을 선언함으로써 Independence로 가는 첫발을 디뎠다고 봐야 하지 않을까 싶습니다.

- the rest of mankind란 영국민 이외의 다른 모든 인류를 뜻합니다. 아메리카인에게 영국민은 혈족, 즉 같은 민족이죠. 그래서 이 구절은 혈연관계에 있어서 영국인 이외의 다른 모든 사람들을 지칭합니다. 즉, 혈연에 의한 특별한 관계는 더 이상 고려대상이 아니란 뜻이죠.

JK2020: 그러므로 우리는 부득불 해야 할 일을 하지 않을 수 없습니다. 그것은 바로 우리의 독립을 선포하고 그들을, 여타 국가의 사람들과 마찬가지로, 전시에는 적으로 그리고 평시에는 친구로 대우하는 것입니다.

Thomas Jefferson: 그러므로 우리는 부득불 해야 할 일을 하지 않을 수 없습니다. 그것은 바로 (그들과) 우리의 분리를 선포하고 여느 나라 사람과 마찬가지로 그들을 전시에는 적으로 그리고 평시에는 친구로 대우하는 것입니다.

34.

We, therefore, the Representatives of the united States of America, in General Congress, Assembled, appealing to the Supreme Judge of the world for the rectitude of our intentions, do, in the Name, and by Authority of the good People of these Colonies, solemnly publish and declare,

Discussion

이 긴 문장을 뼈대만 간추리면… 〈we publish and declare 34a, 34b, 34c, 34d.〉로 정리됩니다. 34a, 34b, 34c, 34d는 publish and declare의 목적어로서, 접속사 that이 이끄는 명사절이죠. 그러니까 "우리"가 발표하고

선언하는 내용이 네 가지인 것입니다. 문장이 길어 봤자 이렇게 뼈를 추리면 간단하고 분명해집니다. 여기다가 동격, 분사 구문, 강조 조동사, 부사구 같은 것들을 갖다 붙여서 길어지고 복잡한 것처럼 보이는 것입니다. 참 쉽죠?

여기서 말하는 "We," 즉 우리는 누구일까요? 바로 뒤에 나오죠. 아메리카 (13개국) 연합 의회, 즉, 대륙회의에 참가한 대의원들입니다. united States of America가 이때만 해도 소문자죠? 고유명사는 아니라는 뜻입니다. 아메리카 대륙 내 여러 국가들의 연합. 당시에는 United colonies, 즉 식민지연합이라는 표현이 보편적이었고 1776년 9월에 이르러 The United States of America라는 명칭이 대륙회의에서 공식화됩니다. 고유명사가 된 것이지요. 이 표현 자체를 처음 사용한 것은 제퍼슨이 맞는데, 오늘날의 USA라는 국명으로 공식화된 것은 총회의 결의를 거친 9월입니다. 물론 국명만 공식화된 것이고, USA라는 국가가 헌법과 내각을 갖추고 국제사회의 승인을 거쳐 공식화되는 것과는 별개의 문제겠지요.

암튼 이 대의원이라는 사람들이 발표와 선언을 하는데, 동시에 appeal도 합니다. 그게 분사 구문이죠. "appealing to the Supreme Judge of the world for the rectitude of our intention" appeal이라고 하면 호소한다는 뜻인데, 정확한 의미는 "to make an earnest request," 즉, 간절히 요청한다는 의미입니다. 누구에게? the Supreme Judge. 최고의 심판자, 즉 하나님이죠. God의 다른 표현입니다. 앞에서 등장했던 Nature's God, Creator 등의 표현도 모두 God입니다. 맨 마지막 문장에 나오게 될 divine Providence 역시 마찬가지이고요. 하나님에게 무엇을 요청한다? 우리 rectitude of our intention을 요청한다는 것입니다. 이 말을 잘 새겨들어야 합니다. 중요합니다. 우리가 올바르다고 하나님에게 호소하는 것이 아니고 (독립을 하려는) 우리의 의도에 rectitude를 간절히 청원하는 것입니다.

   그런데 Rectitude가 뭐지? 사전에는 간단하게 정의된 의미로는 무슨 의미인지 와닿지가 않아서 성경 사이트들을 살펴보았습니다. 시편 119장 172절 My tongue shall speak of Your word, For all Your commandments are righteousness. (주의 모든 계명이 의로우므로 내 혀가 주의 말씀을 노래할지어다.)라는 말씀에 Righteousness가 바로 rectitude와 같은 의미라고 하였습니다. 그리고 이 말은 right와 wise라는 두 단어가 합성된 의미라고 하였습니다. 그리하여 righteous는 단순히 올바른 것을 뜻하는 것이 아니라 right-doing, 즉 올바로 행함을 뜻한다고 하였습니다. 그 반대로 올바로 행하지 못함, 그것이 바로 sin이라고 하였습니다. 그러니까 이제야 rectitude of our intention의 의미가 명확해지는 것 같습니다. 우리의 의도를 올바르게 이행할 수 있도록 하나님께 간청한다는 의미였습니다. 아무리 의도가 좋아도 올바르게 이행할 수 없다면 죄악에 빠지겠지요. 우리를 잘 인도하여 죄악에 빠지지 않도록 해 달라는, 간절한 기도의 의미, 그것이 rectitude라는 단어 속에 포함되어 있다고 여겨집니다.

- do (in the Name, and by Authority of the good People of these Colonies, solemnly) publish and declare에서 괄호 빼고 바깥의 동사만 보세요. do가 뜬금없이 등장하여 잠깐 헷갈릴 수 있는데, publish와 declare를 강조하기 위한 조동사죠. 식민지연합에 소속된 선량한 시민들의 이름과 권위로써 경건히 선포하겠다는 말이죠. 무엇을? 다음에 That으로 연결되는 세 가지를. 그럼 일단 여기까지.

KSAH: 이에 아메리카 연합의 모든 주 대표들은 전체회의에 모여서 우리의 공정한 의도를 세계의 최고 심판에 호소하며, 이 식민지의 선량한 인민의 이름과 권능으로 엄숙히 발표하고 선언한다.

JK2020: 그러므로 우리 아메리카 합중국의 각국 대의원들은 전체 회의를 갖고 우리의 올바른 뜻을 지지하는 세상 최고의 심판자께 삼가 아뢰오니 선량한 시민들의 이름과 권위를 걸고 우리 식민지 연합은 이제 자유로운 독립국들임을 엄숙하게 발표하며 선언하는 바입니다.

Thomas Jefferson: 따라서 우리 아메리카 합중국 내 각국의 대의원들은 전체 회의를 갖고 우리의 의도가 의롭게 이행될 수 있도록 이 세상 최고의 심판자께 간청하며, 선량한 식민지 연합 시민들의 이름과 권위로써 (아래와 같이) 엄숙히 발표하고 선언하는 바입니다.

자, 이제 선언 내용 들어갑니다. 대륙회의에 소집된 13개 식민지 대의원 총회에서 발표하고 선언한 내용 네 가지입니다. 이 얘기를 하기 위하여 자연법을 거론했고, 자연법에 따른 만민평등, 천부인권, 주권재민을 얘기했고, 거기에 부합하지 못하는 현실들을 열거했고, 왕과 영국민들에게 호소도 했고… 그렇게 모든 노력을 기울여도 변화와 개선의 기미가 보이지 않아 드디어… 지금 나오게 되는 네 줄의 선언을 하게 된 것입니다. 당시의 그들이 실현해야 했던 현안이자 정치적 선언문으로서의 실질적 내용이 되는 부분입니다. 뭘까요?

34a

That these United Colonies are, and of Right ought to be Free and

Independent States;

- Colonies가 States로, 명칭을 변경했죠. 식민지에서 주권국가로.

- 'are, and of Right ought to be'라는 동사구가 복잡한데요, 현학적으로 설명하자면, 존재와 당위 양면에서 Free and Independent라고 선언하는 것입니다. 실제로도 Free and Independent지만 의당 그렇게 되는 것이 당연하다는 것이죠. 중간에 끼어든 of Right이라는 idiom은 현대 영어로는 by Right으로 대체될 수 있는 고어체 스타일입니다. 법률 용어로서, '권리에 의거하여'라고 해석될 수 있는데, 독립선언문의 맥락에서 그 권리의 근거는 자연법이라고 할 수 있겠지요. 자연법에 입각한 천부인권. 이 부분은 실질적 선언이므로 앞부분에 자명한 진리 섹션과 마찬가지로 경어체를 사용하지 않습니다. 힘찬 선언의 느낌으로 낭독되기를 바랍니다.

KSAH: 이 모든 식민지연합은 자유롭고 독립된 국가이며, 권리에 의거하고 자유롭고 독립된 국가여야 한다.

Thomas Jefferson: 이들 식민지 연합은 자유롭고 독립적인 국가들이며 그것은 그들의 당연한 권리이다.

34b

that they are Absolved from all Allegiance to the British Crown,

KSAH: 이 국가는 영국의 왕권에 대한 모든 충성의 의무를 벗으며

Thomas Jefferson: 그들은 영국 왕실에 대한 모든 충성의 의무로부터 해지되었다.

34c

and that all political connection between them and the State of Great Britain, is and ought to be totally dissolved;

KSAH: 대영제국과의 모든 정치적 관계는 완전히 해소되고 또 해소되어야 한다.

JK2020: 그리고 그들 사이의 모든 정치적 관계는 완전히 소멸되었고, 그렇게 되어야 합니다.

Thomas Jefferson: 그리고 그들 사이의 모든 정치적 관계는 완전히 소멸되었으며, 또한 그렇게 되어야만 한다.

34d

and that as Free and Independent States, they have full Power to levy War, conclude Peace, contract Alliances, establish Commerce, and to do all other Acts and Things which Independent States may of right do.

KSAH: 따라서 이 국가는 자유롭고 독립된 국가로서 전쟁을 개시하고 평화를 체결하며 동맹 관계를 협정하고 통상 관계를 수립하는 등 독립국가가 당연히 해야 할 모든 행동과 사무를 할 수 있는 완전한 권리를 갖고 있다.

이것이 미국독립선언문이다

JK2020: 자유로운 독립국가로서 전쟁을 수행하고 평화를 조인하고 동맹을 체결하고 통상을 수립하는 등 독립국가로서 실행할 수 있는 모든 조치들에 대한 일체의 권한을 가진다는 것을 선언합니다.

Thomas Jefferson: 그리고 자유롭고 독립적인 국가로서 그들은 전쟁을 수행하고 평화를 조인하며 동맹을 체결하고 통상을 수립하는 등 독립국가로서의 권리에 입각하여 실행할 수 있는 모든 조치에 대한 일체의 권한을 갖는다.

35.

And for the support of this Declaration, with a firm reliance on the protection of divine Providence, we mutually pledge to each other our Lives, our Fortunes and our sacred Honor.

Discussion

선언문의 제목에 보면 The Unanimous Declaration이라고 되어 있습니다. 선언문이 발표되는 시점에는 이 모든 내용들이 13개 식민지의 승인을 거친 상태라는 것이죠. 토마스 제퍼슨이 작성하여 5인으로 이루어진 선언문 작성위원회의 검토를 거쳐 13개 식민지 대표들의 검토와 승인이 완결된 상태에서 발표가 된 것입니다. 아메리카 13개 식민지연합의 단일한 목소리라는 뜻입니다. 영국이라는 지구 최강의 상대를 대적하기 위한 결전의 의지를 이 문서에 담은 것입니다. 당시의 객관적 전력으로는 아메리카 식민지는 영국의 정규군에게 상대도 되지 않는다는 평가가 일반적이었습니다. 그럼에도 싸워야겠다고 다짐한 것이 바로 독립선언입니다. 그러다가 혁명에 실패하면 참가자들은 패가망신하여 목숨과 재산은 물론이고 대대손손 역적이라는 오명을 받을 수도 있는 상황이라는 것을 선언문에 서명한 이들은 모두 알고 있었습니다. 그 비장함이 이 마지막 문장에 담겨 있습니다.

KSAH: 따라서 우리는 우리의 생명과 재산과 신성한 명예를 걸고 신의 가호를 굳게 믿으면서 이 선언을 지지할 것을 서로 굳게 맹세한다.

Thomas Jefferson: 이 선언을 지지함에 있어서, 우리는 하나님의 섭리가 우리를 보호해 주실 것을 굳게 믿으며, 우리의 생명과 재산과 신성한 명예를 걸고 서로를 향하여 굳게 맹세하는 바입니다.

Conclusion

God Bless America!

많이 보아 왔던 구호지요. 저는 이 표현이 왜 America에게만 사용되는지 궁금했었습니다. 왜 God Bless France!라든가 God Bless China!라든가 하는 등등의 구호는 없을까 궁금했습니다. 독립선언문을 통해서 그 이유를 알았습니다. 천부인권으로 만든 나라. 그런 나라를 만들기 위하여 하나님의 섭리만을 믿고 목숨과 재산과 명예를 걸고 싸웠던 사람. 그리고 그들의 발원이 현실화되어 새로운 나라가 만들어졌습니다. 이것이 미국이고 이것이 건국의 아버지들입니다. 그러니 God Bless America!지요.

그러나 God Bless America!는 조건적입니다. 천부인권과 건국 정신이 싱싱하게 유지된다는 조건, 미국의 초발심이 죽지 않고 살아 있다는 조건에서 하나님은 미국을 축복하실 것이라는 사실을 우리는 알아야 할 것입니다. 그것이 인과이자 자연법입니다.

God Bless America as long as America goes with The Declaration.

그리고 지금 이 순간!

We Are the Founding Fathers!

We Are the Founding Mothers!

이제 우리가 미국의 주인공입니다.

God Bless Thomas Jefferson Center, too!

그동안 수고 많이 하셨습니다.

〈2021년 12월 27일, 독립선언문 해설 끝〉

※ 이상의 내용에 의문이 있으시거나 조언 또는 지적하실 내용이 있으시면 저자에게 직접 연락 주시면 감사하겠습니다. 미진한 부분은 지속적으로 보강하고자 합니다.

jeffersonforkoreans@gmail.com

NEW JERSEY DEPARTMENT OF THE TREASURY
DIVISION OF REVENUE AND ENTERPRISE SERVICES

CERTIFICATE OF INC, (NON PROFIT)

THOMAS JEFFERSON CENTER INC.
0450748460

PALISADES PARK, NEW JERSEY 07650

12. Incorporators:
JONG KWEON YI
472 11TH STREET
#8
PALISADES PARK, NEW JERSEY 07650

13. Main Business Address:
472 11TH STREET
#8
PALISADES PARK, NEW JERSEY 07650

Signatures:
JONG KWEON YI
INCORPORATOR

IN TESTIMONY WHEREOF, I have
hereunto set my hand and
affixed my Official Seal
4th day of January, 2022

Elizabeth Maher Muoio
State Treasurer

Certificate Number : 4158935715
Verify this certificate online at
https://www1.state.nj.us/TYTR_StandingCert/JSP/Verify_Cert.jsp

본 해설 강연을 마치고 토마스 제퍼슨 센터는 2022년 1월 뉴저지주 비영리단체로 정식 등록을 하였습니다. 천부인권과 미국의 건국 정신을 탐구하여 한국인의 정치적 정체성인 자유민주주의의 본질을 체득함과 동시에 미주한인들이 마이너리티 멘탈리티에서 벗어나 당당한 주인 의식으로 미국 사회를 살아갈 수 있는 새로운 관점을 제시하며 미국과 관련된 다양하고 실용적인 지식과 정보를 공유하는 교육과 문화의 포럼으로 발전시켜 나갈 것입니다.

가입문의 및 후원

Thomas Jefferson Center

472 11th St. #8 · Palisades Park, NJ 07650, USA

Email. jeffersonforkoreans@gmail.com

2021년 8월 15일 뉴저지 한인회관에서 개최된 제1차 총회에서
토마스 제퍼슨 센터의 설립을 결의하였다.

2022년 2월 26일 독립선언문을 발표했던
필라델피아 인디펜던스홀에서 가졌던 발대식.

II.

천부인권으로 바라본
미국독립선언문과 대한민국

만민평등, 천부인권, 주권재민

Thomas Jefferson Center

천부인권의 토착화를 위하여

토마스 제퍼슨 센터의 로고가 제작되었다.

깃털 펜과 한글의 조합은 아마도 이게 처음이지 싶다.

만민평등, 천부인권, 주권재민.

제퍼슨 선언문의 요지이다.

혹시 여기에 반대하시는 분?

저게 싫으신 분?

한국 사람들이 제퍼슨은 몰라도 저 메시지는 다들 좋아한다.

순리이기 때문이다.

그것을 제퍼슨은 self-evident truths라고 말했다.

그 이전에 토마스 페인은 common sense라고 명명했다.

그 자체가 자연의 섭리라서 자연법natural law이라고도 불렀다.

믿음과 소망과 사랑 중에, 그중에 제일은 사랑인 것처럼

만민평등, 천부인권, 주권재민 가운데 근본은 천부인권이다.

만인은 천부인권으로 평등하고 천부인권은 주권재민으로 발현된다.

개인적으로 여론조사를 해 봤다.

국가의 목적이 뭐냐? 자유민주주의의 목적이 뭐냐?

정답은 단 한마디, 천부인권인데,

다들 장황하게 엉뚱한 소리만 하더라.

천부인권을 반대하는 사람은 없는데 사용법을 모르더라.

대한민국은 이념의 전쟁터이다.

몇 개의 쟁점적 키워드를 두고 혼전이다.

그것들이 개념만 제대로 정립돼도 시야가 맑아질 것 같았다.

천부인권의 관점에서 그것들의 개념을 잡아 보았다.

천부인권이 한국인의 삶에 어떻게 적용될 수 있는지 생각해 보았다.

그러다가 문득문득 몇 편의 에세이를 쓰게 되었다.

쓰고 나니 내가 펜으로 활용되었던 것 같은 느낌이다.

제퍼슨이 들어와 한글로 쓰고 간 느낌이다.

그냥 느낌이 그렇다고.

천부인권이 한국에서 토착화되었으면 좋겠다.

천부인권이 한국인에게 체질화되었으면 좋겠다.

이 로고의 뜻이다.

나의 멘토, 천재 아티스트 홍민제 선생님께 감사드린다.

대한민국은 천부인권의 나라

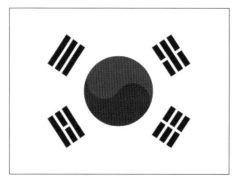

누구나 겪게 되는 일일 것 같은데, 외국인들이 물어본다.

Where are you from?

Korea.

South or North?

South.

그래서 South Korean으로 낙착. 그런데 사실은 공식 국명이 따로 있다. Republic of Korea. 그래서 그 사람에게… 아… South Korea라고 부르지 말고, Republic of Korea라고 불러라…라고 시정시키기는 상당히 어렵다. 분단국 국민의 업보다.

근데 요걸 한국어로 살짝 비틀어 볼까? 우리끼리 얘긴데, 당신은 남한 사람인가? 아니면 대한민국 사람인가? 요래 물어보면… 남한 사람도 아니고 대한민국 사람도 아니고 한국 사람!이라고 말할 분들이 가장 많을 것이다. 어딘가 모르게 대한민국이라는 표현이 나의 정체성을 담기에는 부족한 느낌. 그래서 나의 정체성은 분단국 대한민국이 아니라 오천 년 역사의 통일'될' 조국 코리아, 그래서 나는 대 한국인… 뭐 이런 인식 구조가 아닌가 싶다.

이런 추론에는 근거도 있다. 요즘은 국기도 둘이다. 태극기와 한반도기. 적어도 대한민국에서는 공식 국기가 태극기인데, 일부 지자체에서 국경일에 한반도기를 게양하여 갈등이 있었나 보다. 색깔론 vs. 통일론.

한반도기는 북한과의 합의 하에 올림픽에서 사용하기로 합의했던 깃발이다. 통일의 작은 상징이다. 지금은 없지만 앞으로 출현하기를 소망하는 그 나라의 깃발이다. 대(大) 한국인의 깃발.

이런 현상을 분석하면 South Korea에는 두 개의 나라가 존재하는 게 아닌가 싶다. 현실의 대한민국과 "상상의 국가 (United) Korea."

대한민국은 영토와 국민과 주권을 가진 현실의 공화국인데 Korea는 상상의 나라이다. 소망의 나라이다. 현실에는 없는 나라인데, 없는 나라에 더 큰 애정을 갖고 정체성을 부여하는 사람들이 있다. 그러다 보니 국경일에도 존재하지 않는 나라의 국기를 게양하고 뿌듯해한다.

대한민국은 태어나지 말았어야 할 나라라는 인식이 있다. 누구의 어록인지는 명확하지 않은데 검색만 해도 수두룩하게 뜬다. 참 당혹스러운 인식이다. 가령 자식이 기형이나 장애아로 태어났다면 태어나지 말았어야 할 아이라고 할 것인가? 아니, 그런 생각을 가진 당신이야말로 잘못 태어난 국민이 아닐까? 너야말로 귀태가 아니냔 말이다. 잘났거나 못났거나 기왕 태어났는데, 기왕에 태어나서 살고 있는 나라를, 사랑할 이유를 만들어 가면서 살아가야지, 왜 자기 우물에 침을 뱉을까? 남들도 못 먹게.

요즘 미국에도 이런 생각이 퍼져 나가고 있다. 노예제의 토대에서 태어난 나라라서 태어나지 말았어야 하는 나라라나? 친일 잔재를 청산하지 못했기에 대한민국은 태어나지 말았어야 하는 나라라고 주장하는 사람들과 비슷한 논리다. 그래서 어쩌자는 말이냐고? 나라를 다시 만들어야 한단다. 그래서 건국 년도를 가지고 싸운다. 코리아의 건국 년도는 1948년이 아니라 1919년이고 미국의 건국은 1776년이 아니고 1619년이란다. 같은 땅에 살지만 국적이 다른 사람들인 셈이다.

무엇이 옳고 그르고를 떠나서 개념 중의 개념, 국가의 창건 연대부터 서로 다른 생각을 가지고 다투는 상태가 작금의 South Korea이다. 미국은 그래도 아직은 극소수 세력에 의한 분탕질에 불과하지만, 대한민국은 상태가 훨씬 심각하다.

요즘은 사람들에게 물어본다. 당신은 대한민국 국민입니까, 아니면 한국인입니까? 대한민국은 국적이고 한국인은 Ethnicity이다. 나 같은 경우는 원 국적이 소멸되어 Ethnicity만 코리안으로 남아 있지만, 대한민국의 국민이라는 정체성에 대하여 깊이 생각하지 못했었고 감사할 줄을 몰랐었다. 온갖 자학적 역사 인식에 시달리다 이제야 내가 좋은 나라에서 태어나 살았었구나 하고 깨닫는다.

다소 늦었단 생각도 있지만, 지금이라도 철이 들어서 다행이다. 여기서 철이 들었다는 말이 바로 개념을 잡았다는 뜻이다.

South Korean 여러분, 당신들의 국적은 어디인가? 대한민국? 상상의 나라 Korea?

이것이 미국독립선언문이다

나는 누구인가? 이게 바로 정체성이다. 개념 중에 제일 먼저 챙겨야 할 개념이 바로 정체성이다. 모든 사유와 행동의 축이니까. 아이러니하게도 나는 대한민국을 토마스 제퍼슨의 독립선언문을 통해서 알게 되었다.

아! 대한민국도 천부인권의 나라지! 그건 북한엔 없지!

통일된 코리아? 그것도 당연히 실현해야지. 천부인권으로. (1/19/2022)

자유가 아니라 천부인권

"나는 사람에게 충성하지 않는다."

윤석열이 대통령이 된다면 이 말 한마디가 트리거였다 해도 과언이 아닐 것이다. "그럼 마누라를 버리란 말입니까?" 이걸로 대통령이 된 노무현과 비슷한 케이스다. 굳이 하나 더 보탠다면… 여성가족부 폐지. 이거 발표한 이후 지지율 급등하고 있는 거 팩트 아니냐.

한국 사람들은 사람에 충성한다. 중요한 정치 이념 스펙트럼을 인물 기준으로 식별한다. 이승만 박정희를 지지하면 보수 우파, 김대중 노무현 문재인을 지지하면 진보 좌파. 뭐 이런 식이다. 예전에 노무현 시절에는 좌측 깜빡이 켜고 우회전한다고 굉장히 욕을 먹었었다. 원래 사람이란 변화무쌍한 임기응변의 존재인데, 어떻게 철학과 가치를 사람에 기준해서 판단하고 의존하는지. 이건 미개한 거다.

사람이 아니라 원칙, 가치, 개념에 따라서 이념적 좌표를 판별해야 한다. 그런데 한국에는 그게 없다. 좌파가 뭔지, 우파가 뭔지, 보수가 뭔지, 진보가 뭔지… 기준점이 애매하다. 개념이 정확히 서 있지가 않다.

그런데 말입니다…. 그 어려운 일에 대선 후보를 지냈던 홍준표 의원이 나섰다. 일단 홍 의원님 강연 한번 들어 보시고….

https://www.youtube.com/shorts/7jXZMQgKFfo

장준호TV: 좌파(진보)와 우파(보수)의 차이! 홍준표 설명

이 영상에서 이것저것 얘기했는데 이 주제에 관하여 의원님이 주장하는 포인트는 이거다.

"우파는 자유, 좌파는 평등."

"좌파가 나쁘다고 나는 한 번도 얘기해 본 적이 없다."

좌파가 나쁘다고 얘기해 본 적이 없다는 건 자유나 평등이 선과 악의 개념이라기보다는 사과와 오렌지처럼 상이하지만 가치를 평가할 수 없는, 그래서 두 가지 모두 상황과 취향에 따라 선택할 수 있는 정치적 지향이라고 홍준표는 이해한다는 뜻이다.

나에게 큰 깨달음을 주었던 강연이었다. 아! 이분은 자유와 평등을 동등한 가치로 보고 있구나…. 정치를 26년이나 하셨다는 분이 기본적이고 근본적인 정치사상에 대한 개념이 꽝이구나…라는 깨달음.

그런데 그게 이분뿐 아니라 많은 분들이 자유와 평등에 대하여 비슷한 인식을 하고 있다. 자유와 평등이라면 사람 사는 사회에서 추구하는 가치로서 퍽 중요하고 큰 용어들인데, 그것들이 올바르게 개념 정립이 되어 있지 않아서… 홍준표 같은 자칭 "보수우파"의 거두라는 사람조차도 저렇게 개념 없는 말씀을 당당하게 하고 있다.

하나씩 짚어 볼까?

우리가 말하는 자유란 언론의 자유, 종교의 자유, 집회 결사의 자유 등등 자유민주주의의 근본 가치들을 지칭한다. 이 자유는 미국 헌법 권리

장전에 명시되어 있고, 이 권리 장전은 토마스 제퍼슨의 독립선언문, 그 가운데에서도 천부인권을 명시한 문안을 법제화한 것이다. 그러니까 "자유와 평등"이라고 말할 때 그 자유의 기원은 바로 천부인권이라는 얘기다.

천부인권은 자유뿐인가? 제퍼슨은 천부인권에는 여러 가지가 있지만 그 가운데 일부라고 하면서 생명의 권리, 자유의 권리 그리고 행복 추구의 권리를 열거했다. 자유는 그러니까 제퍼슨이 꼽은 천부인권 가운데에서도 셋 중에 하나에 불과한 것이다. 그중에 하나만 끄집어내서… 너는 자유가 좋니? 아니면 평등이 좋니? 이렇게 물어보는 것은 그 자체가 불공정한 질문이다. "우파" 자유민주주의의 가치가 자유 하나뿐이 아닌데 왜 자유만 콕 찍어서 평등과 대비시키는 거지? 전형적인 깎아치기. 해서 이 질문을 정확히 만들려면, 자유가 아니라 천부인권, 이것이 워딩이어야 한다.

평등? 모든 인간은 평등하게 태어났다고 했다. 평등하게 태어났지 평등하게 살아야 한다고 주장하지 않았다. 그게 평등에 대한 독립선언문의 입장이다. 평등하게 태어났는데, 무엇으로 평등하게 태어났느냐? 천부인권을 평등하게 갖고 태어났다. 누구나 똑같이 생명의 존엄성과 각종 자유와 행복 추구의 권리를 가지고 태어났지, 같은 지위나 명예나 재산을 가지고 태어나서 똑같은 집에서 똑같은 것을 먹고살도록 태어난 게 아니라는 얘기다. 그게 자연이고 그러한 원리를 설명하는 것이 자연법이다. 그리고 이것이 천부인권에 입각한 평등이다.

같은 말이라도 좌파적 평등은 좀 다르다. 모든 인간들이 다른 사주와 팔자와 처지와 능력을 갖고 태어났음에도 불구하고 그들을 평등하게 살도록 만든다? 아주 좋은 감언이설로 표현하면, 모두가 평등하게 잘사는 세상을 만든다는 것이다. 듣기는 좋은데, 이 문장은 주어가 빠져 있다. 누가? 누가 그렇게 만든다는 거지? 권력이. 또는 정부가. 어떻게? 인위적으로. 강제로. 맞지? 각자가 스스로 노력해서 모두가 평등하게 살게 되는 게 아니라… 카드 돌려막기처럼 여기서 재화를 빼내서 저기에 갖다 메꾸어 평균을 맞추겠다… 이 뜻이다. 다시 말하면 내 노력이 아닌 외부의 힘, 콕 집어 표현하면 국가권력에 의존하여 경제적으로 획일적인 사회를 만들자…라는 함의가 들어간 선택지가 바로 좌파적 평등이다. 평등의 주체는 그러니까 권력, 특히 국가권력인 거다.

절대 권력은 절대 부패한다… 아마 오늘날 똥팔육들은 모두 들어 본 소리일 거다. 5공 시절 전두환에게 사용했던 구호였거든. 권력은 항상 더 큰 권력을 추구하는 관성이 있다. 특별한 제동장치가 없으면 권력은 점점 커져서 절대 권력이 된다. 독재가 된다. 그래서 세상을 평등하게 살게 "해 주겠다"고 등장한 어떤 권력도 결국은 비대해져 폭정이 되는 거다. 폭정의 실마리, 그게 바로 쟤네들이 말하는 평등 구호인 거다.

북조선을 비롯해, 우리가 아는 커뮤니스트 국가들… 그래서 정말로 평등하게 잘들 살고 있나? 다 같이 못 살거나… 여전히 불평등하거나… 둘 중에 하나잖냐. 자본주의의 폐해라던 빈익빈 부익부, 거기도 있잖아. 그냥 빈익빈 부익부가 고착화된 전체주의가 돼 버렸잖아. 해서… 평등은, 까놓고 말하면, 좌파의 구호이자 허상일 뿐, 그 진면목은 국가권력에 의한 전체주의인 것이다.

당신은 자유가 좋은가 평등이 좋은가? 자유가 좋으면 우파, 평등이 좋으면 좌파… 이런 질문과 답변이 얼마나 허구적이고 기만적인지, 그것도

모르고 바보 같은 소리를 앵무새처럼 떠드는 홍준표야 말로 얼마나 멍x
하고 덜x어진 정치인인지 동네방네에 스스로 광고를 하고 있다. 참 딱한
노릇인데… 그런 그가 우파라는 진영에서 나름 똑똑이라고 꼽아 주는 축
에 들어간다니… 대한민국의 소위 우파라는 사람들이 얼마나 수준이 떨
어지는 집단인지 이 영상 하나로도 적나라하게 드러난다. 한마디로 개념
이 없다. 이게 다 제퍼슨의 독립선언문을 몰라서 발생하는 현상이다. 기
초가 부실해서. 자유민주주의의 성전을 익히지 않아서.

질문을 다시 만들어야 한다.

자유냐? 평등이냐? 이렇게 물어보면 안 된다. 정직한 질문은 이거다.

천부인권이냐? 아니면, 전체주의적 국가권력에 의한 경제적 획일이냐?

천부인권을 선호하면 우파, 국가권력에 의한 전체주의를 선호한다면
좌파… 이게 바로 올바른 질문과 답변인 거다.

이것이 진실일진대, 홍준표 왈:

"좌파가 나쁘다고 나는 단 한 번도 얘기해 본 적이 없어요."

뭐, 진심 어린 말씀 같기는 한데 그래서 더 문제다. 바로 이런 태도가 바
로 전형적인 사쿠라인 거다. 나름 강성우파로 인식되고 있는 홍준표의 정
체성은 사쿠라. 아마 자기도 몰랐을걸? 개념이 없어서다.

기왕 말 나온 김에… 쟤네들이 말하는 평등의 허구성을 하나 더.

올림픽에 나가면 금메달을 따려고 선수들이 경쟁을 한다. 단적으로 말
하면, 좌파의 평등은… 그 금메달을 출전한 선수들이 숫자대로 쪼개서 나
눠 먹자는 거다. 올림픽 정신은 그런 게 아니지. 각자 열심히 훈련해서 최
상의 컨디션으로 출전하여 정당한 실력에 따라 결과를 얻고 거기에 모두
가 승복하고 수긍하는 것, 그것을 위해 주최 측은 다만 공정하게 경기를

진행하고 운영하고 결과를 인증하는 것. 이게 바로⋯ 올림픽조직위원회, 바꿔 말하면 국가와 정부가 사회의 구성원을 위해서 할 수 있는 최선인 거다. 이게 그렇게 어려운 말인가? 제대로 된 평등의 포인트는, 획일이 아니라 공정이란 게?

자, 이제 확실하게 개념을 잡아 보자.

자유가 아니라 천부인권.

평등은 획일이 아니라 공정.

이것은 우파적 '주장'이 아니고 상식이자 자연법이다. 상식과 자연법을 부정하는 세력은 '좌파'가 아니고 악의 세력인 거다. 우파와 좌파의 대비가 아니라 선과 악의 대결이라고. 듣고 있나, 홍준표? (1/23/2022)

생계가 아니라 천부인권

우파는 친기업, 좌파는 친서민?

　이렇게 얘기하면 우파는 기득권, 좌파는 피압박민중… 이런 프레임을 연상하게 된다. 그래서 강자는 악하고 약자는 선하다는 대중문화의 스테레오타입에 의해서 우파는 악하고 좌파는 선하다…라는 갬성이 형성된다. 그리고 분노한다. "우파"에 대해서. 이게 선동의 메커니즘이다.

　현상으로만 얘기하면 친기업이라는 액션은 우파든 좌파든 모두 하고 있는 일이다. 우파정권에서는 우파정권의 집권 세력과 친한 기업에게 특혜를 주었고 좌파 정권에서는 좌파 정권의 집권 세력과 친한 기업에게 특혜를 주었다. 권력이 친소 관계에 따라 특혜를 베푸는 행위를 부패라고 하는데, 불공정하게 자기 사람 챙기는 부패는 우파나 좌파나 모두가 하는 일이다. 공사를 구분하지 못하는 그놈의 '의리' 때문에. 의리는 이념 아니잖냐. 의리에 좌우 없듯 부패에도 좌우가 없다. 여기서 굳이 선악을 따진다면… 평소에 누가 공정을 더 많이 외쳤었는지, 누가 적폐와 반부패를 더 시끄럽게 떠들었는지, 그에 따른 언행일치를 누가 더 많이 어겼는지, 내로남불 소리를 누가 더 많이 들었는지, 그래서 누가 더 많이 국민을 속였는지, 이것으로 판별해야 할 것이다.

　이런 현상을 차치하고, 좌파든 우파든 모두 부정부패 안 한다 치고, 본질적으로 우파는 친기업인가? "친기업"이란 낙인을 받을 만큼 기업이라는 경제의 주체에 특혜를 주는가? 준다 해도 그게 일부 사악한 자본가들의 이익을 보장하기 위한 메커니즘으로서의 "친기업"인가?

국가의 경제주체는 크게 가계, 기업, 정부이다. 이 중에서 돈을 벌어 국가를 먹여 살리는 기능은 기업에게 있다. 기업이 돈을 벌어 세금을 내야 가정과 정부가 살림을 살 수가 있다. 개인도 세금을 내지만 그 세금은 기업에서 받은 월급으로 납부하는 세금이라 그 세금의 원천도 결국은 기업이다. 기업이 없으면 국가는 먹고살 수가 없다.

이런 구도에서 정부가 친기업 정책을 펴지 않는 것이 사실은 이상한 거다. 친기업이란 것이 마치 우파 이념의 편향적 정책인 것처럼 호도하지만 사실은 친기업을 하지 않는 것이 정부의 직무유기라고 할 수 있다.

친기업도 나쁜 친기업 정책이 있다. 기업 설립의 자본금까지 정부가 제공하여 친정부 인사들에게 기업을 운영시키는 것이다. 아예 정부가 비즈니스를 하는 경우다. 기업에 특혜를 주는 정도가 아니라 기업을 정부가 소유하는 케이스. 권력이 정부뿐만 아니라 기업까지 소유하는 상황. 중국이나 소련처럼 모든 기업이 국영기업인… 오히려, 좌파 중에 극좌파가 바로 친기업이다. 그렇게 번 돈은 모두 39호실로 입금되는 시스템. 친기업 혐의를 받는 "우파"가 이런 정도로 친기업은 아니잖냐.

프로토타입 우파적 "친기업" 정책은 별 게 아니다. 그냥 마켓의 원리에 따라 기업의 성패를 맡기는 거다. 자연 상태에서 약육강식이 있듯이 일 잘하면 크는 거고 일 못하면 망하는 자연의 법칙에 기업도 맡겨 놓고 내버려 두는 거다. 알아서 돌아가게. 경영과 영업에 관여하지 말고 성과에 따라 세금이나 정확히 걷는 것… 즉, 기업에 대해 아무것도 안 하는 게 우파의 친기업 정책이다. 말이 친기업이지, 이게 뭐가 친기업이냐?

물론 매점매석 독과점 가격담합 등등 기업의 불공정 행위는 막아 줘야 하겠지. 이건 심판관으로서 공정을 구현하는 정부 본연의 역할이다. 그래야 불공정한 경쟁이나 소비자들의 부당한 피해를 막을 수 있으니까. 국민들의 행복 추구권을 보장하는 차원에서, 정부가 역할을 하는 것은 당연하다. 이런 정도의 개입과 감시 이외에 기업과 그 기업을 운영하는 개인들이 자유롭게 기업 활동할 수 있도록 (특별한 혜택을 주는 게 아니라) 그냥 가만 내버려 두는 거… 이게 바로 우파적 친기업이고… 이게 바로 건전한 자본주의인 거다.

나는 자본주의라는 시스템이 어떤 돈 많은 집단이 프로레타리아 계층에 빨대를 꽂고 착취하기 위하여 만들어진 제도인 줄 알았다. 굉장히 사악한 음모로 만들어진 인위적 제도인 줄 알았다. 빈익빈부익부가 예정된 나쁜 제도로서 봉기에 의해 무너뜨려야 하는 사회제도인 줄 알았다. 그런데 웬걸? 그냥 좋은 물건 싸게 팔면 사고 비싸게 팔면 안 사고 열심히 일하면 돈 벌고 안 하면 망하고… 유사 이래 사람이 원래부터 살아왔던 그 방식이 바로 자본주의라는 거였다. 물물교환이든 금전 거래든 간에 경제활동이란 건 사람이 사회를 구성한 이후 처음부터 있었다. 이거 하려고 사회가 만들어진 거다. 사람 사는 자연스러운 모습이 바로 자본주의다. 그런데 왜 여기에 "ism"이란 접미사가 붙었을까? 오히려 그런 워딩에 음모가 있는 게 아닌가 싶다. 막시즘, 페미니즘, 레이시즘… 이렇게 이즘이 붙으면 뭔가 인위적이고 편향적인 이론을 지칭하는 접미사인데 왜 인간의 자연스러운 경제활동을 capitalism이라고 부르게 되었을까? 그게 의문이다.

이것이 미국독립선언문이다

친기업이냐 아니냐를 구분하는 또 다른 중요한 포인트가 있다. 바로 세금이다. 아무리 자유방임으로 기업이 일을 열심히 하도록 놔둔다 해도 세금을 엄청 많이 때려 버리면 친기업이라고 할 수 없다. 그래서… 이 세금 문제가 사실은 정부의 기업 정책에 대한 핵심이 아닐까 싶다.

세금을 많이 걷는 정부 ─ 이것은 돈을 많이 쓰겠다는 정부이다. 일을 많이 하겠다니 언뜻 생각하기에 나무랄 일은 아닌 것 같긴 한데… 굳이 정부가 하지 않아도 되는 일들까지 맡아서 하겠다며 세금을 많이 걷는다면? 돈이 곧 권력인데, 세금을 많이 걷겠다고 하면 정부가 더 많은 권력을 행사하겠다는 뜻이고, 아무리 정부의 존재 이유가 권력의 행사에 있다지만, 정부가 사용하겠다는 그 세금의 용처가, 다시 말하면 정부가 행사하겠다는 그 권력이, 과연 필요한 것인지 아닌지는 어떤 기준으로 판단하는가? 이게 바로 정책의 차이이자 정부의 역할에 대한 정의와 개념의 문제와 직결이 되는 사안이다.

우파는 친기업 좌파는 친서민

우파는 작은 정부 좌파는 큰 정부

우파는 법인세 인하 좌파는 법인세 인상

도대체 이 차이를 만드는 기준은 뭐지?

그게 바로 천부인권이다.

자유민주주의에서 국가의 역할은 국민의 천부인권을 보장하고 보호하는 것이다. 나머지는 국민들이 알아서 한다. 성숙하고 독립된 개인들이니까. 웬만한 건 우리 시민들이 알아서 할 테니, 정부, 너는 천부인권이 잘 집행되고 있는지, 그것만 잘 관리해 줘. 대신 비용은 우리가 부담할게. 뭐? 그런 말이 어디에 있었냐고? 제퍼슨의 독립선언문에 아주 근사하고 품격 있게 명시되어 있다. 원문으로 한번 읽어 볼까? 이것은 외워도 좋다.

"We hold these truths to be self-evident, that all men are created equal, that they are endowed by their Creator with certain unalienable Rights, that among these are Life, Liberty and the pursuit of Happiness.—That to secure these rights, Governments are instituted among Men, deriving their just powers from the consent of the governed,—That whenever any Form of Government becomes destructive of these ends, it is the Right of the People to alter or to abolish it, and to institute new Government, laying its foundation on such principles and organizing its powers in such form, as to them shall seem most likely to effect their Safety and Happiness."

"우리는 다음을 자명한 진리라고 믿습니다. 모든 인간은 평등하게 태어났다. 그리고 그들은 창조주로부터 확고한 불가침의 권리를 부여받았다. 그 (권리의) 일부가 생명, 자유, 그리고 행복 추구의 권리이다. **이러한 권리를 담보하기 위하여 인간 사회에 정부가 구성되었으며,** 그 정부의 정당한 권력은 시민의 동의로부터 발생한다. 어떠한 정부라도 이러한 목표에 해악이 된다면 그것을 개혁하거나 타파하여 새로운 정부를 수립하고, 그러한 원칙에 기초하여, 그들의 안전과 행복을 가장 충실히 구현할 수 있는 권력을 조직하는 일은 바로 시민의 권리이다."

이론theory이 아니라 진리truths. 그것도 자명한 진리. 이게 중요하다. 너저분하게 수없이 많은 책을 통해서 일반인들이 알까 말까 한 이론들로 말의 향연을 늘어놓은, 그래 놓고 지들끼리도 이게 맞니 저게 맞니 끊임없이 논쟁하면서 결론을 못 내리는 "이론"이 아니라… 세 살배기라도 한 번만 들으면 알 수 있고 수긍할 수 있고 공감할 수 있는 자명한 진리, 그것을 일컬어 상식이라 한다. 저놈들이 그 반대편에서 "우파우파"거리며 손가락질하지만… 그렇게 말하면 듣는 '우파'는 억울하다. 그냥 진리요 상식이지.

이 진리에 의해 정부는 스스로의 권한을 천부인권의 지킴이로 제한하면… 그게 바로 작은 정부인데… 정부를 장악한 자들이 정부의 역할을 확대해석하여… 복지도 해야 한다고 하고… 단지 국민이라는 이유로 기본 소득이라는 것도 챙겨 줘야 한다고 하고… 생계도 챙겨 줘야 한다고 하고… 그래서 모든 이들이 평등하게 먹고살아야 한다고 하다 보니까… 세금도 많이 징수하게 되고 정부의 규모와 예산도 커지고… 그것을 집행·살포하다 보니 당연히 그 국민들은 정부에게 의존하게 되고… 그래서 정부는 더욱 커지고… 그래서 기업이 부담해야 하는 세금은 더욱 많아지고… 개인의 소득세와 재산세도 더 많아지고… 결국은 뱀이 자기 꼬리를 잡아먹듯 제 살 깎아 먹다가… 공멸하는 시스템… 이게 바로… 걔네들이 말하는 "친서민" 정책의 실체이다. 친서민 정책은 서민을 탈출하기 위한 정책이 아니라 서민으로 늙어 죽으라는 정책이 아닌지 의심해 봐야 한다.

독립적 개인. 이것은 자유로운 개인, 이것과 같은 말인데, 어디로부터? 정부와 권력으로부터. 자기가 자기 힘으로 먹고살고, 그러면서 그들이 정부를 고용하여 일할 수 있도록 세금 내고… 그렇게 세금을 내서 주인의식을 갖고… 이게 바로 건전한 사회의 건전한 개인의 모습이 아니냐. 이런 개인을 뭐라고 하느냐면… 바로 시민… citizen이라고 하는 거다. 정부의 양육 대상, 성은을 받아야 하는 대상… 즉, 신민, subject의 반대말.

링컨이 이런 말 했지. Government of the people, by the people, for the people. 국민이 국가의 주인이란 뜻이다. 주인이기 때문에 케네디는 "Ask not what your country can do for you. Ask what you can do for your country."라고 말했던 거다. 백년의 간격을 두고 나온 말이지만… 근본은 같다. 국민이 주인이다. 그리고 주인의 정체성은 책임이다.

이런 내용을 알고 나서… 작은 정부니, 큰 정부니… 이런 것들에 대한 선호를 말할 수 있는 건데… 그냥… 기업이나 가진 자들에 대한 막연한 증오와 피해 의식, 그것도 세뇌된 단편적이고 피상적인 편견으로 자기가 몸담은 사회를 혐오하고 저주하며 더욱 많은 공짜를 바라면서 결국은 모두가 쪽박을 차게 될 수밖에 없는 길을 기를 쓰고 가려고 하는 그 근본 원인… 그것은 딱 하나다.

국가가 무엇을 하는 존재인지, 개념이 정립되지 않아서다.

국가는 천부인권을 보호하고 보장하는 제도라는, 그거 하나만 정확히 알아도… 충분히 애국자가 될 수 있다. 천부인권이 애국이다. 생계가 아니라 천부인권, 그게 국가의 존재 이유다. (1/27/2022)

반공이 아니라 천부인권

참 신통한 게, 요즘은 2030 젊은 사람들이 멸공에 대해 전향적이다. 60대 이상… 아니 최소한 6.25를 겪고 반공에 투철한 내 윗세대 어르신들을 나를 비롯한 4050세대가 꼰대라고 경멸하고 비웃곤 했던 것을 상기하면 아이러니가 아닐 수 없다. 세상이 돌고 돌아 이제 4050이 꼰대가 되고 있다.

우리 세대에게 있어서 반공은 증오의 기제였다. 북에 있는 같은 민족을 이념의 잣대로 적대시하여 통일을 가로막는 나쁜 정치사상이 반공이었다. 어렸을 적부터 빨갱이는 무섭다고… "라떼는"을 시전하시던 어르신들의 체험담과 학교의 반공 교육을 귀에 못이 박히도록 듣고 자라며 반공이라는 단어에 대해 묘한 저항감과 반발심을 가졌었다. 반공이 국시라니. 순순히 받아들이기 힘들었다.

우리 똥팔육 세대에게 있어서 최고의 화두는 반독재였다. 박정희 전두환 시대의 독재… 이승만도 독재자라고 했다. 이들의 공통분모는 반공이었다. 그러니까 머리에 피가 마르고 우리가 갖게 된 정치의식은 "반공은 독재의 수단"이라는 공식이었다. 6.25를 겪으신 어르신들이 열렬한 반공주의자들이니까… 그들은 독재 체제를 옹호하고 민주주의를 가로막는 "꼰대들"로 인식될 뿐이었다.

반공주의 어르신들의 가장 큰 잘못은 반공을 설득하지 못했던 점이다.

반공이 옳다고 주장하는 그들의 근거는 "니들은 안 겪어 봐서 모른다"는 것이었다. 여순반란사건을 주동했던 여수 14연대에서 반란군에게 가까스로 살아남은 인사장교 김형운 소위(예비역 대령)의 명언이 있다. "겪어 보면 아는데, 요즘 젊은 사람들은 공산당을 몰라." 그러니까, 즉, 니들은 모르니까… 수긍을 하거나 말거나 우리말 들어라. 반공은 국룰이다… 이게 반공이 국시가 된 정황이다. 전혀 논리적이지 않고, 경험으로 체득된 철학이라 체험이 없는 세대에게는 꼰대들의 억지처럼 들릴 수밖에 없었다.

우리에게 공산주의를 체계적으로 가르친 것은 대학이었다. 운동권 서클과 거기서 흘러나오는 주장들. 대자보와 유인물 등등. 지적이고 자유로운 공간에서 커리큘럼에 따라서 공산주의를 학습했다. 그 가운데는 금서로 지목된 책들도 있었는데, 사상의 자유가 있는 자유민주주의 사회에서 금서가 있다는 것도 납득이 되지 않았다. 그런 책을 들고 다니면 잡혀가기도 했다. 사상의 자유를 억압하고 탄압하는 남한 정권은 나쁜 독재 정권일 뿐이었다. 거기서 공산주의를 열렬히 학습했던 운동권 학생들은 자동적으로 독재 정권에 항거하는 민주 투사로 자리매김되었다.

어르신들이 체험과 현실로 역사와 공산주의를 배웠다면 우리들은 영화와 드라마로 배웠다. 엔터테인먼트의 목적은 흥행이다. 진실과 재미 가운데 하나를 선택해야 한다면 제작자는 재미를 선택한다. 역사와 이념을 학습하기에는 부적절한 방식이다.

돌이켜보면 6.25와 공산주의에 대한 대중문화의 묘사 방식도 많이 바뀌었던 것 같다. 라시찬 주연의 『전우』라든지, 『돌아오지 않는 해병』이라든지… 똥팔육 세대가 초등학교 다닐 때 보아 왔던 역사물은 피아와 선악이 분명한 반공물이었다. 우리 윗세대 어르신들의 작품이다. 이에 비해 똥팔육 4050 세대가 자라나 만든 6.25 전쟁 영화와 드라마는 포커스가 다르다. 일방적으로 북쪽에 비극의 책임을 묻고 비판하던 방식에서 벗어나 남쪽의 잘못을 지적한다거나 이념보다 민족을 강조한다거나 북쪽의 영웅을 미화한다거나 아니면 전쟁과 이념으로 인한 개인의 비극을 더 많이 그리고 있다. 전쟁은 있었는데, 누구의 잘잘못인지, 그 책임 소재가 없어졌다. 소설로는 『태백산맥』이 있었고 영화로는 『태극기 휘날리며』라든지 『고지전』 같은 영화가 비교적 최근에 흥행했던 작품들이다. 『고지전』에 이런 대사가 나온다. "우리는 빨갱이랑 싸우는 게 아니라 전쟁이랑 싸우는 거라고." 이렇게 수백억의 제작비를 들여서 전쟁을 일으켰던 "빨갱이"들에게 근사하게 면죄부를 주고 있다. 검색해 봤더니 역시나 감독은 4050이고 대종상 최우수작품상을 수상했다. 감독의 메시지를 대중들이 받아들였다는 뜻이다. 한국사회의 메인스트림에서는 용공이 대세라는 뜻이다. 메인스트림의 주축인 4050이 만든 새로운 세상이다.

종합하면, 대한민국은 이념을 논리와 이성이 아닌 경험과 픽션으로 학습했다. 경험은 직접 겪지 못하면 공감하기가 어렵고 픽션은 말 그대로 그 자체가 판타지이기 때문에 현실을 살아가기 위한 원칙으로서의 보편적 진실과 진리를 논하는 데 있어서 바람직한 수단이 아니다. 상식에 기초한 논리와 이성. 대한민국은 이것으로 도출된 결론을 가질 기회가 없었던 게 아닌가… 싶다. 그러다 보니… 앞뒤가 안 맞는 짓을 하게 된다.

똥팔육은 독재 타도를 위한 이론적 뒷받침을 막시즘과 북한에서 찾았다. 막시즘으로 만들어진 공산주의가 바로 독재 사회이고 그 예가 북한인데… 독재를 타도하기 위해서 독재의 이론을 학습하고 독재체제의 지령을 받았고, 그 아이들이 커서 오늘날 국회의원도 되고 장관도 되고 교수도 영화감독도 되고… 그런 흐름에서 6.25도 공산주의와의 싸움이 아닌 전쟁과의 싸움으로 새롭게 정의되며, 그 새로운 정의가 진보적이고 깨어 있는 의식으로 세련되게 포장되어 유포되고 있는 것이 한때 반공이 국시 였던 대한민국의 현주소다.

뭐… 이건 나의 매우 주관적인 의견인데… 누군가 나의 인식이 잘못되 었다고 논박해 주기를 간절히 바란다. 매카시즘, 색깔론, 레드컴플렉스… 뭐 이런 말로 낙인찍기 하지 말고 조목조목 논박. 낙인찍기는… 빨갱이들 의 상투적 수법 가운데 하나로… 지성의 세계에선 좋은 음식에 침 뱉어서 남도 못 먹게 만드는 것과 같은 못된 행동이다. 내 글이 매카시즘으로 보 인다는 분이 있었는데, 그것은 당신이 공산주의를 심정적으로 편을 들고 있다는 무의식적 자백이다. 요즘은 자기가 빨갱이인지 스스로 인식도 못 하는 빨갱이들이 너무 많다.

자, 이제 공산주의가 뭐가 문제인지 먼저 정리를 해 보자. 대한민국 사 람들은 한결같이 독재라면 치를 떤다. 심지어는 공산주의에 로망을 가진 자들도 독재는 싫어하더라. 공산주의의 운영 방식이 바로 독재와 전체주 의인데 말이다. 남한의 독재는 싫고 북한의 독재는 좋은가? 그래서 묻지 도 따지지도 말고 통일부터 하잔다. 대한민국의 독재 타도를 위해서 더 악랄한 독재 체제인 북한의 지령을 받았다. 이것이 4050 똥팔육의 원죄이 다.

6070… 아니 어쩌면 7080인지도 모르겠다. 그분들의 반공정신, 그 모티 브가 영화『1987』의 등장인물 김윤석의 대사에 들어 있다. 픽션이 이런 건 좋다. 가끔 소가 뒷걸음치다 쥐 잡는 식으로 시대정신을 극적으로 요약정 리를 해 준다니까. 대공수사처장 김윤석이 고문실에서 추억의 사진을 용

의자에게 보여 주며 설명한다. 그의 라이프스토리다.

"요 옆에 선 아새끼 뵈디? 요거이 이름이 동이야. 보릿고개 때 다 죽어 가는 거 우리 어머이가 거둬 줬지. 아래 이 골돌리는 거이 신묘해서 말이 야. 아버지가 식구 삼고 장가도 보내 줬어. 내래 동이를 형님으로 모셨드 랬지. 기캤는데 말이야. 김일성이가 리북에 들어오니끼니 아래 이 인민민 주주의 하갔다고 완장차고 설쳐 대드만. 이 아새끼가 우리 집에 인민부대 끌고 와서 뭐랬는지 알간? '인민의 적, 악질 지주, 반동분자를 지옥으로 보 내자.' 동이가 총알도 아깝다면서 우리 아버지 가슴에 말이야 죽창을 찔러 댔어. 내래 대청마루 밑에 숨어서리 다 봤디. 이보라우, 내래 고때라두 기 나갔으면 우리 어머이 살렸갔네? 누이 목숨은 살렸을 끼야, 나 대신 죽었 으니끼니. 너래 지옥이 뭔디 알간? 내 식구들이 죽어 나가는 판에 손가락 하나 까딱 못하는 거, 소래끼 한 번 못 지르는 거, 고거이 바로 지옥이야."

남한에서 '독재의 주구들'에게 있어서 공산주의는 현실 지옥이었다. 대 단한 공산주의 학습을 통한 결론이 아니라… 말 그대로 적나란한 체험을 통해 터득한, 그 세대 고유의 진리였다. 그들에게 공산주의는 트라우마였 고, 그래서 또 그들에게 반공은 반이성적 광기였다. 전체주의 지옥을 막 겠다며 또 다른 지옥, 남영동 대공분실에서 고문을 자행했다. 우리 윗세 대 반공의 원죄이다.

전후 3세대 2030의 멸공은 전체주의에 의존하여 독재를 타파하려 했던 똥팔육 철부지 낭만주의에 대한 반동으로 보인다. 북에 대한 맹목적이고 대책 없는 유화책을 원 없이 해 봤던 지난 5년간에 대한 젊은 세대의 평가 가 아닌가 싶다. 실컷 퍼 줬는데 돌아온 건 미사일밖에 없다는. 허나… 여 전히 철학이 없다.

우리가 공산주의를 반대해야 하는 까닭은 딱 하나이다. 거기에는 천부인권이 없다. 한 사람 한 사람이 모두 소중한 이 사회에서 개개인의 생명의 권리, 자유의 권리, 행복 추구의 권리를 인정하지 않는 사회를 우리는 용납할 수 없다. 공산주의는 전체주의이다.

천부인권과 반공은 동전의 양면이다. 천부인권을 지키기 위해서는 전체주의를 타파해야 한다. 전체주의는 시대에 따라 다양한 모습으로 시민의 권리를 박탈하려 하는데, 한반도를 위협하는 가장 위험한 전체주의는 공산주의다.

반공은 시대에 뒤쳐진 사상이라고? 이런 소리가 전형적인 선전 선동이다. 이치에 맞지 않는 거짓말이기 때문이다. 공산주의가 여전히 기승을 부리며 오히려 예전보다 더욱더 도발하고 있는데? 설마⋯ 이미 다 넘어갔으니 반공도 소용없다는 소린 아니겠지. 아⋯ 이러면 완전 나가린데.

대한민국은 반공의 체질을 바꿔야 한다. 증오의 반공이 아니라 사랑과 인권의 반공으로. 천부인권의 세상을 만들고 지키고 가꾸기 위한 반공으로.

오천 년 노예제 사회에서 식민지를 거치느라 천부인권을 학습하기도 전에 천부인권 기반의 자유민주주의 헌법을 갖추었지만, 그놈의 전쟁 때문에⋯『1987』의 박 처장처럼 트라우마의 반공, 증오의 반공, 생존과 기득권 수호의 반공을 추구해 왔던 것이 20세기 대한민국의 역사였다. 그 부작용으로 탄생한 기형아들이 똥팔육이다. 한마디로, 천부인권을 알기 전에 반공부터 알게 된 게 대한민국의 이념적 모순의 근본이었다. 해서, 다소 늦었지만 지금부터라도 천부인권을 학습하고 명상하고 적용하고 실천하는 것이 작금의 난맥을 극복하는 지름길이 아닐까.

이것만 알면 된다 - 이 세상에서 가장 중요한 것은 천부인권. 그것은 신앙이요, 생활이요, 생명이다. 그리고 천부인권의 경전은 바로 토마스 제퍼슨의 독립선언문. 그 가르침만 확실히 공부한다면 반공은 굳이 따로 안 해도 된다. 멸공? 저절로 된다. (2/5/2022)

민족통일이 아니라 천부인권통일

한국 사람들이 참 대단하단다. 세계적으로 우수한 민족이란다. 한류도 대단하고 K-Food도 대단하고… 스포츠나 과학기술이나… 경제나 민주화나… 못하는 게 없는 대단한 민족이라고 한다.

정확히 말하자. 그게 우리 '민족'인가? 우리 민족은 어디부터 어디까지인가? 남과 북? 그리고 해외 교포까지? 뭐… 보기 나름이겠지만, 위에 열거한 업적은 "우리 민족" 전체의 능력과 업적이 아니다. 대한민국 국민의 성취인 것이다.

한반도의 우리 민족으로 말할 것 같으면, 남쪽의 절반은 (상대적으로) 퍽 잘하고 있는데 북쪽의 절반은 세계 최악의 공산 독재 체제이고 최악의 빈곤 지역이며 가장 봉건적인 세습 체제 사회이다. 우리 민족이라고 한다면 거기까지도 포함이 되는데, 그런 것을 뭉뚱그려 우리 민족을 "대단한" 민족이라고 평가할 수 있을까? 말꼬리로 트집 잡는 게 아니라 애매한 걸 명확히 해 보자면, "우리 민족"이 아니라 대한민국의 국민이 대단한 거 아닌가? 우리는 국민과 민족을 혼동하고 있는 거 아닌가?

우린 우수한 민족이란 말을 유별나게 많이 한다. 마치 동물의 품종을 평가하는 표현처럼 들려 듣기가 불편하다. 내가 너무 예민한가? 헌데 그 '우수성'이 우수한 유전자 때문이라고 생각한다면 그게 바로 인종주의이다. 오래 전에 어느 노벨상을 받은 학자 한 분이 백인은 흑인에 비해서 태생적으로 지능지수가 높다는 주장을 했다가 인종주의자로 낙인 찍혀 평생의 명예를 한방에 까먹고 학계에서 퇴출된 일이 있었다. 특정 인종이나 민족이 유전적으로 혹은 선천적으로 우월하다는 생각은 상당히 위험하다. 그런 집단이 힘이 생기면 바로 전체주의가 되는 거다. 그게 나치스 Nazis다. 세계를 정복하려던 야욕으로 인류를 도탄에 빠뜨렸던 그 도발의 근거가 바로 "게르만 민족의 우수성"이라는 망상이었다. 결국 인류에 엄청난 피해를 입히고 폭망했다. "민족"주의가 갈 수 있는 최악의 케이스였다.

한민족 최고의 민족주의는 북한에 있다. 대한민국에서는 그 사이트가 보이는지 모르겠다만…《우리민족끼리》라는 웹사이트가 있다. 조국평화통일위원회에서 운영하는 사이트로서, "《우리민족끼리》홈페이지는 조선민주주의인민공화국에 대한 모든 정보를 제공하고 있습니다."라고 직접 소개하고 있다. 북한 정부기관이 운영하고 있고, 무려 "모든 정보"를 제공한다니… 가히 공식 대표사이트라고 할 만하다. 그런 성격의 사이트 이름이

"우리민족끼리." 민족을 얼마나 사랑하는지 모르겠지만 입만 열면 민족 타령이다. 해서 우리 민족을 위하여 얼마나 좋은 일을 하고 있는지 해당 사이트에 들어가 보았다. 근데, 헐~ 맨 이딴 내용뿐이었다:

- 경애하는 김정은 동지께서 설명절경축공연을 관람하시였다
- 경애하는 김정은 동지께서 고 리용무 동지의 령구를 찾으시여 깊은 애도의 뜻을 표시하시였다
- 경애하는 김정은 동지께서 련포남새온실농장 건설예정지를 현지에서 료해하시였다
- 경애하는 김정은 동지께서 중요무기체계를 생산하고 있는 군수공장을 현지지도하시였다

《우리민족끼리》는 우리 민족한테 김정은만 홍보하고 있다. 김정은이 북한의 지도자라는 것까지는 알겠는데, 군이 《우리민족끼리》라는 사이트를 만들어 그 안에서 민족의 이름으로 독보적이고 유일한 지도자인 것처럼 펌프질하고 있는 것을 보면 여기도 국가와 민족을 혼동하고 있게 아닌가 싶다. 아니면… 진짜로 김정은을 민족지도자로 만들려고 하는 건가?

북한식 민족주의에는 세트 메뉴로 따라오는 구호가 하나 있다 - 외세의 지배와 간섭배격. 모든 주권국에게 있어서 이것은 지당하고 당연한 순리인데, 군이 이것을 강조하는 까닭은 그들의 인권 상황과 연관 지어 생각하면 사뭇 명확해진다. 주민 학대와 폭정에 대한 배타적 권력의 정당화. 죽이든 살리든 내 민족을 내 맘대로 조지겠다는데 남들이 왜 간섭이냐. 폭정에 민족의 대의가 봉사하는 나쁜 사례이다. 독재자의 편의를 위한 민

족주의다. 요즘 유튜브에서 탈북자들이 살았던 얘기들을 몇 꼭지 들어 봤는데, 참, 기가 막히더라. 북한 동포들의 삶이란 게 인간의 삶이라 할 수가 없더라. "우리민족끼리"거리면서 이렇게 동족을 괴롭혀도 되는 건가?

민족주의는 까딱하면 전체주의를 미화하는 레토릭으로 변질된다. 대내적으로는 구성원들의 희생과 복종을 강요하며 대외적으로는 단결과 배타의 명분으로 작동한다. 그 전체주의의 찰진 구호가 "우리민족끼리"이다. 이 구도의 수혜자는 권력자뿐이다. 북한은 최악의 전체주의가 '민족'을 빌미로 정당화되는 사회이다. 평등만큼 무서운 소리가 민족이다.

원래 민족(民族)이라는 단어는 nation이라는 서양 단어를 일본인들이 번역해 낸 용어로서, 국가라고도 번역하고 민족이라고도 번역하였으나 일제의 수월한 통치를 위하여 주권의 콘셉트가 포함된 "국가"라는 번역 대신 민족이란 표현을 식민지 조선에 전해 주었다는 연구가 있다. 민족이란 용어도 식민지 잔재라는 얘기다.

우린 한민족 또는 배달민족이라고 불리고 영어로는 코리언이라고 통칭한다. 어떤 사람은 우리가 단일민족이라고 하는가 하면 어떤 사람은 한국인이라고 해서 단일한 핏줄은 아니라고 주장한다. 고대사의 말갈족, 여진족… 그런 사람들이 한반도에 들어와 우리 '민족'의 일부가 되었다는 설도 있다. 마치 고정불변의 정체성을 대표하는 표현 같지만 사실은 범위와 정의도 불분명할뿐더러 끊임없이 변화한다. 말하자면 실체가 없다. 유동적이고 끊임없이 변화하는 특정한 인간 집단을 고정불변의 실체라고 상정하고 여기에 "나"를 투사하여 민족과 나는 관념적으로 통합된다. 일종의 망상인데, 거기에 '민족의식, 민족정신, 민족정기, 민족혼' 등과 같은 개념을 창작하여 그 망상을 신성화, 성역화한다. 도그마가 탄생되는 과정이다.

도그마라는 것이 그렇듯이, 민족혼, 민족정기… 뭐 이런 것들은… 결코 모욕당하거나 더럽혀져서는 안 되는 성역으로서, 훼손되면 수치스러워해야 하고 분노해야 하고 응징해야 하는 상상의 산물이다. 그것은 순결하고 강력해야 하며 과시되고 증명되어야 한다는 강박을 낳는다. 그 과정에 희열도 있지만 과다하면 공멸을 불러올 수가 있다. 끌리고 당기는 만큼 조심하고 경계해야 하지만 민족 이슈는 이성이 아닌 감성의 영역이라 치우치거나 열광하기 쉽다. 그 끝판왕이 광기의 게르만 민족주의자 히틀러다.

오늘날 한민족 민족주의의 포커스는 남북통일이다. 한 민족이니까 한 나라로 합쳐져야 한다는 논리다. 하지만 어떤 방법으로 그 과업을 달성할 것인지에 대해서는 첨예한 대립이 일어나고 있다. 헌법 서문에는 "평화적 통일의 사명"을 명시하고 있지만 구체적 지침은 아니어서 실제 현장에서는 급진과 점진, 제재와 지원, 안보와 교류 등의 사안을 놓고 이견과 충돌이 많다. 통일의 방법과 절차에 대한 견해가 다른 상대를 반통일, 반민족 낙인으로 몰아붙이는 사례도 빈번하다. 광기의 일환이다. 아이러니하게도, 통일의 방법론 때문에 민족이 분열되고 있다. 민족문제로 인한 남남 갈등은 통일론 때문이다. 통일의 방법에 대해서는 의견이 분분한데 통일의 궁극적 목적과 목표에 대한 논의는 활발하지 않은 듯하다. 통일은 왜 하려는 거지? 목적이 뭐지? 그에 대한 대한민국의 입장은? 그런 게 궁금해서 통일부 홈페이지를 찾아가 보았다.

"통일부는 4.19 혁명 이후 사회 각계에서 활발하게 전개된 통일 논의를 수렴하고, 정부 차원에서 체계적, 제도적으로 통일 문제를 다루기 위해 1969년 3월 1일에 설립되었으며, 그 임무는 통일 및 남북 대화·교류·협력·인도 지원에 관한 정책의 수립, 북한정세 분석, 통일교육·홍보, 그 밖

이것이 미국독립선언문이다

에 통일에 관한 사무를 관장한다"고 되어 있다. 정부의 공식 워딩에 따르면 통일을 관장하는 중앙부서가 통일에 대한 궁극적 목표를 제시하지는 못하고 그냥 실무만 챙기는 역할을 한다고 말하고 있다. 북한의《우리민족끼리》와는 사뭇 다른 사무적 어투에 통일의 의지도 특별히 보이지 않는다. 그냥… 무난한 게, 복지부동한 공무원 스타일이랄까? 뭔가 미진하여 더 들여다보았다. 대한민국 정부의 공식 통일 방안이란 것이 있었다. 제목은「민족공동체통일방안」.

… "「민족공동체통일방안」은 동족상잔의 전쟁과 장기간의 분단이 지속되어 온 남북 관계 현실을 고려한 바탕 위에서 통일의 접근 방법을 제시하고 있습니다. 우선 남북 간 화해 협력을 통해 상호 신뢰를 쌓고 평화를 정착시킨 후 통일을 추구하는 점진적·단계적 통일 방안입니다. 남과 북의 이질화된 사회를 하나의 공동체로 회복·발전시켜 궁극적으로는 '1민족 1국가'의 통일국가 실현을 목표로 하고 있습니다."… 〈대한민국 통일부〉

헐~ 통일의 목표가 1민족 1국가라니. 정의와 목표를 혼동하고 있는 것이 아닌가? 결혼의 목표가 "1남 1녀가 같이 사는 것"이라고 말하는 것과 무엇이 다른가? 서로 다른 환경에서 수십 년 살아온 남녀가 연애해서 서로 친해진 다음에 결혼할 예정이라는 얘기와 논리 구조가 너무나 닮아 있다. 하다못해 갑남을녀의 결혼도 알뜰살뜰 부자 되어 아이 낳고 행복하게 오래 살기 등등의 목표가 있다. 헌데, 남과 북의 수천만 사람들이 하나의 국가로 결합하는 그 역사적 이벤트에 목표가 고작 1민족 1국가라니. 그런 거 말고 진짜 목표가 없을까?

미국의 독립과 건국의 과정은 한 나라가 만들어지는 과정의 전범을 보여 준다. 특히 같은 민족에 대한 입장과 태도에 대하여 지극히 이성적이고 명확한 지침을 전해 준다. 6.25처럼 미국의 독립 전쟁도 동족상잔의 비극이었다. 지배자인 영국과 식민지인 아메리카는 공히 앵글로색슨족으로서, 전쟁 전에는 아메리카 역시 영국의 영토였으므로, 영국의 영토 안에서 벌어진 내전이었다고 할 수 있다.

아메리카 식민지인들의 목표는 애초 독립이 아니었다. 역사책에서 그 전쟁을 독립 전쟁이라고 불러서 독립이 목표였던 것처럼 오해할 수 있지만 아메리카인들과 건국의 아버지들이 실제로 독립을 선언하고 전쟁을 감행하기까지는 많은 고뇌와 갈등이 있었다. 그들 역시 자신들의 모국이자 아버지와 조상들의 모국이었던 영국과 싸우고 싶지 않았다. 가급적 싸우지 않고, '가볍고 일시적인' 사안이라면 감내해 가면서 평화롭게 살고 싶었다. 형제자매와 전쟁을 치르면서까지 쟁취할 만한 큰 가치는 별로 없다. 그런데도 그들은 독립을 선언했고 싸워서 이겼고 독립을 쟁취했다. 독립은 아메리카 독립 전쟁의 부수적 성과일 뿐, 진짜 목적은 전쟁에 임하는 그들의 결의문인 독립선언문에 명시되어 있다.

우리는 다음을 자명한 진리라고 믿습니다. 모든 인간은 평등하게 태어났다. 그리고 그들은 창조주로부터 확고한 불가침의 권리를 부여받았다. 그 (권리의) 일부가 생명, 자유, 그리고 행복 추구의 권리이다. 이러한 권리를 담보하기 위하여 인간 사회에 정부가 구성되었으며, 그 정부의 정당한 권력은 시민의 동의로부터 발생한다. 어떠한 정부라도 이러한 목표에 해악이 된다면 그것을 개혁하거나 타파하여 새로운 정부를 수립하고, 그러한 원칙에 기초하여, 그들의 안전과 행복을 가장 충실히 구현할 수 있는 권력을 조직하는 일은 바로 시민의 권리이다.

아메리카 독립 전쟁의 교훈은 민족이 지상 최고의 가치가 아니라는 사실이다. 그들이 "자명한 진리"로써 열거한 세상의 원칙들이야말로 민족을 초월한 가치임을 천명한 것이다. 피는 물보다 진하지만, 진리는 피보다 우선한다는 것이 아메리카 독립 전쟁의 기본 전제였다. 그 진리의 핵심은 천부인권이다.

전 세계의 수많은 민주공화국이 토마스 제퍼슨의 독립선언문에서 명시했던 가치를 바탕으로 세워졌고 대한민국 역시 그와 같은 "자명한 진리"를 토대로 건국되었다. 그 가치를 지키고 실현하기 위하여 전쟁도 겪었고 혁명도 치렀고 항쟁도 했다. 대한민국 현대사를 통틀어 우리 국민들이 맞서 싸워 지켜 내고자 했던 가치는 다양하게 표현되었지만 그 근본은 천부인권이다.

천부인권은 불가침의 권리 또는 기본권이라고 표기되기도 하는데, 같은 뜻이다. 이 세상에 그 누구도 침해할 수 없는 개인의 권리, 하늘이 인간에게 선사한 것이라고 믿어야 할 만큼 신성한, 인간 세상의 궁극적 가치가 바로 천부인권이다. 독립선언문에 따르면, 그 일부가 생명의 권리, 자유의 권리, 그리고 행복 추구의 권리인데, 시민들이 정부와 국가를 만드는 이유, 다시 말해, 국가의 존재 이유도 바로 여기에 있다. 이거 소홀히 하면서 딴짓하는 국가는 필요 없다. 바꿔야 한다. 그 권리가 시민에게 있다. 이게 독립선언문의 골자이다. 대한민국 근대사는 전쟁도, 혁명도, 항쟁도 바로 이 천부인권의 가치를 실현하고 함양하기 위한 투쟁이었다.

만일 민족이 통일이 된다면 지금까지와 달리 대한민국은 다른 가치를 위하여 살아야 하나? 통일을 위하여 천부인권을 포기해야 하나? 손익계산을 해 보면 견적이 나올 것 같아서 통일이 되면 좋은 점이 무엇인지 검색을 통해서 알아보았다. 대략 아래와 같은 점으로 정리될 수 있었다: 1) 이산가족 상봉 가능, 2) 다양한 문화 발전, 3) 국토 확장 및 인구 증가, 4) 내수시장 활성화 기대, 5) 육로 개방 가능성 증가. 이뿐 아니라 여러 가지의 이익들이 있었는데, 1번 빼고는 통일의 모든 장점들이 한가지로 귀착되었다. 경제 발전과 강성 대국 건설. 그것을 위하여 세계 10위의 경제 대국 대한민국이 강대국이 되기 위하여 전세계 최빈국 조선인민민주공화국과의 통일을 원한다는 것이다.

해방과 분단을 겪으며 대한민국은 북한에 비하여 훨씬 낙후되고 불리한 여건에서 건국하였다. 각종 산업 시설과 자원과 인프라가 압도적으로 북쪽에 많이 있었다. 해방 후 80년이 되어가는 지금 똑같은 민족이 완전히 다른 모습으로 살아가고 있다. 한쪽은 못 하는 것이 없다는 칭송을 받으며 세계를 주름잡고 있고 또 한쪽은 인민의 식량도 충족시키지 못하는 가운데 잔혹한 독재와 폭정 속에 살아가고 있다. 오천 년을 같은 땅에서 살아오며 역사도 같고, 핏줄도 같은데 겨우 몇 십 년 만에 일어난 큰 차이이다. 그 원인은 무엇일까? 천부인권이다.

북녘에는 천부인권이 없다. 수천 만 명의 동포들이 굶주림과 폭정 속에 신음하고 있다. 천부인권이 없기 때문이다. 가난해서 천부인권이 없는 것이 아니라 천부인권이 없어서 가난한 것이다. 독재자가 폭정을 해서 천부인권이 없는 게 아니라 북녘의 동포들이 천부인권을 몰라서 폭정을 당하고 있는 것이다. 대한민국이 폭정을 벗어난 것은 국민들이 천부인권의 가치를 알고 싸웠기 때문이다. 대한민국이 선진국으로 올라선 것은 국민들이 하고 싶은 일을 마음껏 하는 자유를 누리면서 각자의 행복을 추구했기 때문이다. 그래서 남과 북의 차이는 천부인권의 차이인 것이다.

민족주의는 민족 구성원들이 모두 잘 살자는 캠페인이어야 한다. 모두가 잘 살고 있다는 최소한의 조건은 경제도 문화도 아니고 인권이다. 민족주의의 완성을 위하여 통일을 해야 한다면 통일에 있어서 챙겨야 할 것은 경제 발전이나 강성 대국이 아니고 천부인권이다. 분단 이후의 대한민국이 증명하였듯이 경제 번영과 강대국 건설은 천부인권을 추구할 때 따라오는 부산물들이다. 통일의 장점으로 북녘의 동포들이 누리게 될 천부인권이 거론되지 않은 것은 신기하다. 이기적 통일을 원하는 게 아닌가 싶다. 민족주의가 동포에 대하여 그렇게 이기적인 가치였나? 북녘 동포들의 인권을 챙기지 않는 통일이라면 그렇게 통일된 나라에서 남녘 동포들의 인권은 무사할 것 같은가?

우리가 이해하는 민족의 의미는 인종, 문화, 언어, 역사 또는 종교와 같은 전통으로서 정체성을 가지게 되는 인간 집단을 뜻한다. 영어로는 Ethnic group이라고 표기한다. "민족"이라는 잘못된 번역의 원어인 "Nation"은 "a large body of people, associated with a particular territory, that is sufficiently conscious of its unity to seek or to possess a government peculiarly its own," 즉, 특정 영토와 연계되어 있으며 자신들의 정부를 추구하거나 소유할 만한 충분한 의식적 단일성을 가진 사람들을 뜻한다. 정확히 말하면 우리가 알아 왔던 민족보다는 국민에 가까운 표현이다. 그리고 국민은 집단 속의 일개 구성원에 불과한 민족 안의 개인과 달리 국가 권력으로부터 독립된 개인으로서, 그들이 구성하는 나라는 개인의 자유와 권리가 보장된 공동체를 의미한다. 즉, 천부인권을 가진 국민이 바로 nation인 것이다. 일본 놈들이 이걸 안 가르쳐 주려고 민족이란 번역어를 우리에게 던져 주었다는 혐의도 있다.

성격이나 가치관이 안 맞으면 부모 형제 그리고 부부라도 함께 살기 힘든 것이 현실이다. 단지 말과 인종이 같기 때문에, 오래전에 같은 국가를 이루고 살았었기 때문에 다시 1민족 1국가를 성취해야 한다는 것이 민족통일의 기본 전제이다. 이런 걸 전근대적 민족 개념에 입각한 낭만적 민족주의라고 한다. 애틋한 오랜만의 가족 상봉도 한 이삼 일 지나면 언제 그랬냐는 듯 지지고 볶기 마련이고 끔찍이 사랑하는 남녀의 결혼도 꼼꼼히 따지고 준비하여 실행한다. 체제를 달리해 근 80년을 살아왔던 8천 만 명의 사람들이 단지 같은 혈육이라는 이유 하나로 일단 통일부터 하고 보자는 생각은 비현실적이다. 사랑하는 남녀도 일단 결혼부터 하고 보자고 하지 않는다. 통일된 나라에서 모두가 동의할 수 있는 생각과 규범의 기준점이 있어야 한다. 그게 바로 천부인권이다. 천부인권을 통한 화학적 결합으로 모두가 주인이 되는 하나의 국민국가가 되어야 한다. 노예처럼 살고 있는 북녘의 주민들도 주체적, 독립적 개인으로 거듭날 수 있는 통일. 혈육이 아니라 천부인권으로 뭉쳐서 민족이 아닌 국민으로 거듭나는 통일. 이것이 민족통일의 공식이다.

민족이 아니라 국민
혈통이 아니라 천부인권

(2/15/2022)

가족 관계

효도가 아니라 천부인권

어렸을 적 국민학교 댕기던 시절 대한민국은 잘 봐줘도 중진국이었다. 올림픽 금메달 하나로 온 나라가 들썩였고 프로복싱 세계챔피언만 나와도 김포공항에서 시청까지 카퍼레이드를 벌였다. 나라가 별로 자랑할 게 없던 시절이었는데, 학교에 가면 우리 민족이 서양보다 월등한 것이 하나 있다고… 그쪽은 전부 개인주의라서 정과 효가 없다고… 효라는 개념이 없다 보니 그에 해당하는 영어 단어도 없다고… 서울 염창국민학교 5학년 2반 담임선생님이 가르쳐 주셨다.

난 그런 가르침을 받으면서 가슴이 웅장해지는 민족적 자긍심을 느꼈다. 우린 효를 아는 문화민족이야! 하면서도 집에선 부모님한테 궁시렁거렸고, 늘 원망하고 무시하며… 그렇게 살아왔던 것 같다. 세살 버릇 여든 간다고 어렸을 적 태도는 끝까지 변하지 않았고 돌아가신 후에야 효자가 되었다.

우린 개인주의를 이기주의라고 착각했다. 자기 것만 알고 자기만 챙기는 것이 개인주의라고 생각했다. 그래서 그들에겐 정이란 게 없다고 생각했다. 한과 함께 정은 한국인만의 독특한 정서로서, 이것도 영어로 번역이 안 되는 표현이라고 배웠다.

정이란 무엇일까? 주는 걸까? 받는 걸까? 뭐, 이건 조용필 노래고… 아닌 게 아니라 정이란 무엇일까? 생각을 해 보았다. 번역이 안 되는 말이라고 했는데… 내가 막상 번역가가 되어 보니 특정 용어가 번역이 안 되는 것은 이유가 있었다. 역자가 그 단어의 정확한 의미를 모르기 때문이다. 알아내려고 노력을 안 했기 때문이다. 했다면 타깃 언어에서 부합되는 정확한 단어까지는 집어내지 못할지라도 풀어서라도 설명은 할 수 있다. 번역이 안되는 게 아니고 좋은 번역가가 없었다.

번역가로서 정이란 무엇인지 분석해 봤다. 음~ 좀 친해졌다고 생겨난 감정적 집착? 너무 썰렁한가? 내 생각엔 이거 맞는데. 약간 심화시키면… 그러한 감정적 집착에 기초한 친절 역시 포괄적으로 정에 들어가지 않을까 싶다. 팔은 안으로 굽는다고… 같은 값이면 모르는 사람보다는 오래도록 좋은 관계로 아는 사람에게 더 잘해 주는 거… 그놈의 정 때매 속없이 초코파이라도 하나 더 주고 싶은 마음, 이게 다 정 아니냐. 이런 정서가 한국 사람들에게만 있다고 공공연히 가르치고 배웠다니 그 시절 우리는 우물 안 개구리 같은 촌닭들이었음을 알 수 있다. 사람은 본성은 국가와 민족을 초월하여 다 거기서 거기라는 사실을 외국 생활 조금만 해 보면 다 아는 거 아니냐.

효도? 내가 처음 미국에 와서 방 두 개 아파트에 넷이 사는 기숙사에서 살았다. 독일, 마케도니아, 미국 친구들과 룸메이트였다. 개중 미국 친구와 친해서 시간을 많이 같이 보냈는데… 딱히 효도라는 의식을 갖고 있는 것 같진 않은데 그냥 자기 부모님과 되게 친한 것 같더라. 고향의 엄마한테 전화가 오면 수다가 끝이 없었다. 또 Matt란 친구도 있었다. 이 친구랑 특히 친해서 부모님 사는 고향 집에도 여러 번 가서 자고 오기도 했는데… 엄마 아빠랑 얘기를 참 많이 하더라. 특히 교수님이셨던 아빠와는 깊은 학문적 담론을 오랫동안 진지하게 나누는 장면도 목격했다. 한국에선 영화나 드라마에서도 보지 못했던 장면이다. 특히 부자지간엔.

어렸을 적 내가 배웠던 효도는 부모님을 위한 극진한 헌신과 복종이었다. 조선시대에는 부모님의 이부자리에 미리 들어가 몸으로 덥혀 드렸다는 예시와 함께 말 잘 듣고 속 썩이지 않으며 학교에선 공부 잘하고 사회에선 성공하여 가문의 명예를 드높이는 것이 효도라고 배웠던 것 같다. 거기엔 부모님과 허물없이 지내면서 많은 대화를 나누며 좋은 시간을 보내라는 매뉴얼은 없었다. 기껏해야 들었던 얘기: 살아 계실 때 잘해. 뭘 잘하라는 거냐면… 대체로 물질적으로 잘하라는 거였다. 용돈 잘 챙겨드리고. 심심하지 마시라고 TV 사 드리는 자식이 효자라고 했다. 우리 노인네들도 자식들의 사회적 성공이나 물질적 후원을 효도의 척도로 삼는 경향이 있다. 서양이 물질주의 사회라고 비아냥거리는 경향이 있는데, 실제로는 우리 코리안 문화가 더욱 세속적이고 속물적인 게 아닌가 싶다.

전체주의는 한국식 효도의 특징 가운데 하나이다. 부모님에 대한 자연스레 우러난 존중과 배려의 태도라기보다는 다분히 프로그램화된 교육과 학습(이라고 쓰고 세뇌라고 읽는다). 낳아 주셨으니 (그 헤아릴 수 없는 은혜를) 갚아야 한다는 의무감과 부채의식 조장. 그리고 그게 우리의 (우수한) 전통이라는 도그마. 뭐, 이런 요인들이 한국식 효도의 논리였다. 그래도 세상 많이 좋아진 줄 알아, 이것들아. 옛날엔 부모님 돌아가시면 무덤 옆에서 삼베옷 입고 살면서 3년 상을 치렀어. 뭐, 이런 식. 해서… 효도 안 하는 자식은 사람새끼도 아니라는 무시무시한 억압의 논리가 전통 한국식의 효도에 내재되어 있다. 참 부담되는 효도라서 제대로 효도를 제대로 실행하는 자식은 거의 없다. 아, 아닌 말로, 부모 성에 찰 만큼 공부 잘하고 출세하는 자식들이 몇 프로나 되겠냐고.

유튜브를 틀었더니 포크포크라는 채널이 떴다. 알고리즘의 작동으로 어느 미국인 부자지간의 감동적인 동영상을 마주쳤다.

---

https://www.youtube.com/watch?v=LhYbD5Ow5-Y

포크포크: 앨범 속에 아들이 숨겨 둔 비밀 사진…

아버지는 아이처럼 펑펑 울었다

보니까 조회 수 올리려고 제작된 주작 같지는 않았고, 아들이 아버지에게 굳이 효도를 하겠다는 의도나 생각을 갖고 있는 것으로 보이지도 않는다. 그냥 마음에서 우러나 아버지를 위해서 꾸민 일에 아버지는 아들이 너무나 고맙고 기특하여 흐느낀다. 이 경우, 이거 효도 맞나?

효도를 영어로 굳이 옮기면 filial piety라고 한다. 이걸 또 백과사전에 찾아보면… 유교적 가르침의 하나로 부모에 대한 복종과 헌신과 돌봄의 태도라고 되어 있다. 부모 자식 간의 자연스런 감정의 교류로 인한 행위가 아니라 일종의 교리인 거다. 부모 자식의 관계를 자발적이고 자연스러운 감정의 교류가 아닌 교리로써 권장해 왔고 그것을 인간의 도리라고 미화하며 의무감으로 어필했던 것이 효도라는 덕목의 실체가 아니었나 싶다. 해서, 우린 filial piety 같은 어려운 단어 치워 버리고 Just being nice to the parents, 이런 정도로 정의하여 실천하는 것이 차라리 자연스럽고 순리에 맞는 가족 관계가 아니겠나… 하는 각성이 저 영상을 보고 들어서 문득 이 글을 쓰게 됐다. 단숨에 썼다. 효도는 전체주의의 산물이요, 교조적·피상적 인간관계라고 말하고 싶어서.

서양은 개인주의라 정이 없다? 부모 자식 간에도 정이 없다? 개인주의를 잘못 이해한 소치다. 개인주의는 나의 이익과 안위만을 도모하는 태도가 아니라 모든 개개인의 형편과 성향과 의지를 존중하는 입장이다. 또한 남에게 의존하지 않는 독립적인 태도이다. 사회 속의 당당한 개인을 추구한다는 원칙이다. 간섭하지 않고 신세지지 않는 생활 방식이다. 그래서 서로 쿨할 수밖에 없는데 그게 우리 눈에는 정이 없어 보일 수도 있겠다. 즉, 그래 보이는 거, 우리 잣대란 뜻이다. 지금쯤은 우리도 많이 바뀌었으니 이해가 될 거다. 이제 옛날 같은 정은 우리도 부담스러울 때가 많지 않냐.

개인주의적 생활양식의 근본 사상은 천부인권이다. 천부인권은 정치적으로는 개인의 자유, 경제적으로는 개인의 자립을 추구하는 사회 정치 이념이지만 이것이 개인 간의 차원에서는 상대에 대한 존중과 배려 그리고 자발성이라는 모습으로 구현된다. 규칙, 의무, 전통 등과 같은 억압적 요소 하나 없이 순수하게 좋아서, 자발적으로 이어가는 인간관계. 그것이 부모에게 적용된 게 바로 그 동영상이었다. He was just nice to his father.

효도는 한국의 대표적 미풍양속이다. 여기서 미(美)와 양(良)은 자화자찬에 해당되는 주관적 꾸밈말이고, 그걸 빼면 풍속만 남는다. 남들이 하니까 하는 일이라는 뜻이다. 이래서 한국적 효도를 전체주의의 일환으로 해석될 수 있다는 거다. 그러다 보니 그림자도 짙다. 사각지대에서는 별일이 다 발생한다. 고려장이라고 들어봤나? 고려장의 고려가 Korea인데, 실제로 행해졌다는 기록은 없다지만 상상만 해도 끔찍한 일이 어휘로 만들어져 효도의 나라에서 통용되고 있다는 사실만으로도 섬뜩하다. 명절

증후군. 수많은 한국의 가정들이 설과 추석만 지나면 신음한다. 하기 싫은 효도 억지로 하느라 일어나는 현상이다. 영혼 없는 효도와 미풍양속의 자화상이다. 시대에 맞지 않는 교조적 가족 윤리의 폐해가 아닐 수 없다. 급격한 사회 변화 속에서 오늘날의 가정에 적합한 바람직한 가족 이념이 정립되지 못했기 때문은 아닐까 싶다.

효도를 싹 바꿔야 한다. 개인주의식으로. 유교 사상 지워 내고 전통은 탈피하여 계급장 떼고 그냥 서로 존중하고 배려하는 인간 대 인간의 자발적 교감의 방식으로. 의무감도 기대감도 없이 자발적으로 최선을 다하는 부모-자식의 관계. 이것이 가족생활의 천부인권이다. 나도 이걸 좀 일찍 알았으면 좋았을 텐데. 바로 이거.

효도가 아니라 천부인권
천부인권의 출발점은 존중과 배려와 자발성

(3/12/2022)

이것이 미국독립선언문이다

번역가를 찾습니다

제목까지 합해서 1337단어짜리 텍스트를 번역하다가 여기까지 왔다. 번역가 주제에 저서도 내게 되었고 이 문서에 근거한 단체가 만들어져 그 대표도 되었다. 번역의 대가도 경험하기 힘든 일들이 무명의 번역가에게 일어났다. 그런데 이 짧은 문서의 번역이 일으킬 파장은 이제 시작이다. 그것이 앞으로 어떻게 전개되어 나갈지는 미지수이지만, 여기까지 온 것만으로도 분명한 것이 하나 있다. 원전의 힘, 토마스 제퍼슨의 힘이 여기까지 이끌었다.

나의 번역을 읽고 사람들이 모이기 시작했다. 대부분 일면식도 없는 분들이었다. 여기서 착각할 수가 있겠는데, 나를 보고 모여든 것이 아니라 토마스 제퍼슨에게 모여든 것이다. 굳이 이유를 찾는다면, 나의 번역에서 제퍼슨의 진면목이 보였던 게 아닌가 싶다.

이상적인 번역자는 투명인간이다. 원저자가 자국인인 것처럼, 원문이 자국어인 것처럼 감상할 수 있도록 장막을 거둬 주는 역할이다. 장막을 거두며 거기 서 있으면 안 된다. 역자에 가려서 감상에 방해된다. 방해가 안 되려면 많은 노력이 필요하다. 눈에 띄지 않기 위해 눈에 띄지 않는 상당한 공을 들여야 한다. 투명인간, 또는 완전범죄. 이거 쉽지 않다.

심혈을 기울였다. 그랬더니 또 다른 신기한 일이 생겼다. 나더러 제퍼슨 같다는 의견이 일각에서 일어났다. 제퍼슨한테 씌었다나? 전생에 제퍼슨이었나 보다나? 악플을 차단하는 차원에서 말씀드리는데, 그런 얘기도 들었다고. 내 말이 아니라고.

학부 전공이 어학이다 보니 번역은 일종의 숙명처럼 다가왔다. 처음엔 그것이 잡심부름과 같은 것이었다. 온갖 잡다한 분야들의 일거리를 밥 한 끼 사 주면서 떠맡겼다. 그다음에는 그것이 막노동과 같은 것이었다. 푼돈이라도 생긴다면 몸이라도 팔아야 할 가난한 청년에게 이것은 폼 나는 알바였다. 공부도 되면서 돈도 번대. 그러면서 막 코피 흘리며 일했다. 짧게나마 이것을 평생의 직업으로 생각했던 적도 있었다. 출판사 물도 조금은 먹었던 시기였고 다른 사회 경험도 없던 시절이라 까딱하면 그냥 주저앉을 뻔했다.

다행히 번역가는 주저앉을 수가 없는 직업이다. 번역의 신이라도 일을 하지 않으면 한 푼도 생기지 않는 게 이 바닥의 생리이다. 게다가 먹고 살려면 일감은 주는 대로 받아서 해야 하는데 비관심 분야 또는 문체가 더러운 원저자를 만났다가는 '직싸게' 고생만 하고 돈도 못 벌게 될 공산도 있는 위험 직군이다. 포철의 용광로만 위험한 사업장이 아니다. 오로지 자기 실력만으로 딱 일한 만큼만 원고지 매수를 계산해서 보수를 받는, 생계에 상당히 취약한 직업이다. 작업의 난이도에 비하여 먹고 살기 힘든 게 이 분야다. 밤새고 쌍코피 터지는 일은 다반사다.

어느 순간 누가 시켜서 하는 번역은 하지 않기로 작심했다. 그렇다고 개가 똥을 끊을 수는 없고, 내 판단에 번역이 필요한 텍스트를 찾아서 생업과 관계없이 작업하기로 결심했다. 그렇게 작업했던 게 *Diary of a Korean Zen Monk*. 한국불교를 영역한 서적들 가운데 번역이 제일 잘된 책 중에 하나로 꼽힌다. 영역의 경우는 일반 번역처럼 오롯이 혼자 할 수 있는 일이 아니라 원어민 파트너가 필요하고 파트너를 어떻게 활용하여 함께 작업해야 하는지, 그런 노하우가 따로 필요한데, 그래도 역작을 남기기 위해서는 오랜 시간 심혈을 기울여야 한다는 사실은 변함이 없다.

생계를 초월한 입장에서, 번역이란 무엇인가? 예술도 아닌 것이, 학문도 아닌 것이, 창작도 아닌 것이, 어떻게 보면, 이 모든 것의 종합인 것 같기도 하고, 심지어 때로는 구도의 길인 것 같기도 하다. 뭐, 이런 자의식을 가지고 작업에 임했던 것은 아니지만, 이번에 토마스 제퍼슨의 독립선언문을 겪으면서, 지나고 보니 새삼 다시 깨닫는다.

일러두기에서도 밝혔듯이, 이 텍스트는 두 번을 번역했다. 2020년에 처음 완성했고, 내 작업에 나름 뿌듯했는데, 아니, 웬걸, 2021년에 해설을 쓰면서 허술하고 엉성했던 부분들이 대거 발견되어 일대 개보수를 거쳐야 했다. 퍽 당혹스러웠다. 돌이켜보면 내가 많이 부족했었고, 좋게 보면, 일년 사이에 나도 많이 컸던 셈이다. 그런 사실을 발견하고 확인하고 수정할 수 있다는 게 내 방식의 장점이지만, 고작 1337단어짜리 텍스트를 수년째 들여다보면서 두고두고 고치는 일, 이거 직업과 생계를 위하여 뛰는 프로 번역가들은 절대로 할 수 없는 일이다. 그렇게 만들어진 내 번역, 음~, 제퍼슨에게 욕은 안 먹을 자신 있다. 번역가들, 이게 몽말인지 알지?

토마스 제퍼슨의 독립선언문은 나에게 돈 대신 업적이 되었다. 봐라, 그 많은 학자들도 못했잖나. 번역가에게는 번역가의 길이 있다. 학자들이 넘볼 수 없는 번역가만의 역량이 있고 방식이 있다. 나에게 그것은 정성과 도리였다. 작업에 대한 정성. 원저자와 독자에 대한 도리. 그런데 그 텍스트가 신성한 천부인권을 위한 혁명의 빵빠레였다. 미국과 자유민주주의를 탄생시킨 글이다. 250년이 다 되어 가는 문서지만, 이 번역으로 오늘날 한국인들에게 그 혁명의 기운을 전달할 수 있을까? 한국에서도 혁명을 끌어낼 수 있을까? 만일 그렇다면, 이 번역은 100점인데.

이런 방식의 번역이 활성화되려면 번역비도 매절이 아니라 인세로 지급해야 한다. 공부하고 작업하는 데만 집중할 수 있도록 방도 내어 주고 밥도 먹여 주는 시스템이 있다면 금상첨화다. 번역은 국력이기 때문에 이런 일은 정부에서 조치해 주면 직방(直放)이다. 하지만 정부는 원래 요긴한 데에는 돈을 잘 안 쓰는 경향이 있기에, 과부 사정, 홀아비가 안다고, 할 수만 있다면 나부터라도 그런 일을 추진했으면 좋겠다고 생각했다. 그리고 그 교두보가 만들어졌다. 토마스 제퍼슨 센터. 이번 번역의 가장 큰 성과다.

토마스 제퍼슨 센터가 나처럼 일하고 싶은 번역자를 찾는다. 데드라인은 없는데, 실력과 끈기는 나보다 좋아야 한다. 돈보다 업적과 기여와 명예를 중시하는 번역가. 정성과 도리로 시대와 국경을 초월한 명품번역을 남기고 싶은 번역가. 그런 분들과 뜸 푹푹 들여가며 다음 작품을 만들어 내고 싶다.

할 거 억수로 많데이!

이것이 미국독립선언문이다

© 이종권, 2022

초판 1쇄 발행 2022년 7월 4일

지은이   이종권
펴낸이   이기봉
편집   좋은땅 편집팀
펴낸곳   도서출판 좋은땅
주소   서울특별시 마포구 양화로12길 26 지월드빌딩 (서교동 395-7)
전화   02)374-8616~7
팩스   02)374-8614
이메일   gworldbook@naver.com
홈페이지 www.g-world.co.kr

ISBN   979-11-388-1088-3 (03330)